Educação de jovens e adultos:
problemas e soluções

SÉRIE PEDAGOGIA CONTEMPORÂNEA

Leandro Jesus Basegio
Renato da Luz Medeiros

Educação de jovens e adultos:
problemas e soluções

EDITORA intersaberes

Rua Clara Vendramin, 58 . Mossunguê
CEP 81200-170 . Curitiba . PR . Brasil
Fone: (41) 2106-4170
www.intersaberes.com
editora@editoraintersaberes.com.br

Conselho editorial
Dr. Ivo José Both (presidente)
Drª. Elena Godoy
Dr. Nelson Luís Dias
Dr. Neri dos Santos
Dr. Ulf Gregor Baranow

Editora-chefe
Lindsay Azambuja

Supervisora editorial
Ariadne Nunes Wenger

Analista editorial
Ariel Martins

Projeto gráfico
Raphael Bernadelli

Capa
Lado B (Marco Mazzarotto)

Fotografia da capa
Wavebreak Media/PantherMedia

1ª edição, 2013.
Foi feito o depósito legal.

Informamos que é de inteira responsabilidade dos autores a emissão de conceitos.

Nenhuma parte desta publicação poderá ser reproduzida por qualquer meio ou forma sem a prévia autorização da Editora InterSaberes.

A violação dos direitos autorais é crime estabelecido na Lei nº 9.610/1998 e punido pelo art. 184 do Código Penal.

Dados Internacionais de Catalogação na Publicação (CIP)
(Câmara Brasileira do Livro, SP, Brasil)

Basegio, Leandro Jesus
  Educação de jovens e adultos: problemas e soluções/ Leandro Jesus Basegio, Renato da Luz Medeiros. – Curitiba: InterSaberes, 2013. – (Série Pedagogia Contemporânea).

  Bibliografia.
  ISBN 978-85-8212-705-6

  1. Alfabetização (Educação de adultos) 2. Educação 3. Educação de adultos 4. Educação de jovens I. Medeiros, Renato da Luz. II. Título. III. Série.

12-11938   CDD-374

Índices para catálogo sistemático:
  1. Adultos e jovens: Educação 374
  2. Educação de jovens e adultos 374
  3. Jovens e adultos: Educação 374

Sumário

Apresentação, XI

(1) O surgimento dos cursos noturnos no Brasil, 13

    1.1   As características dos cursos noturnos, 19

(2) Noções elementares sobre a EJA, 31

    2.1   A condição social dos alunos, 34

    2.2   A sistemática educacional e a EJA, 35

(3) A EJA no atual contexto social, 45

    3.1   O funcionamento e a organização da EJA no Brasil, 49

    3.2   A crescente demanda de alunos remetidos para a EJA, 51

(4) As diferenças entre o ensino regular e a EJA, 59
- 4.1 Os problemas da estrutura escolar, 62
- 4.2 A desqualificação do ensino, 64
- 4.3 A pedagogia diretiva e a sua permanência, 66
- 4.4 A importância de um ensino voltado para a realidade, 69
- 4.5 Práticas presentes no cotidiano escolar, 71

(5) Perfil do aluno dos cursos noturnos e da EJA, 79
- 5.1 O problema da homogeneização dos estudantes, 82
- 5.2 O trabalhador-estudante e as suas características, 85

(6) A evasão escolar e a EJA, 95
- 6.1 As principais ideias que procuram explicar o problema da evasão, 99
- 6.2 A evasão e os fatores internos da escola, 103

(7) A ressignificação dos conteúdos na EJA, 113
- 7.1 A construção do projeto político-pedagógico (PPP) e o currículo, 116
- 7.2 O saber fragmentado, 118
- 7.3 O porquê da permanência da educação tradicional, 119
- 7.4 A ressignificação dos conteúdos, 123

(8) Trabalhando por meio da problematização da realidade com jovens e adultos, 133
- 8.1 O trabalho docente por meio de situações-problema, 136
- 8.2 Desenvolvendo os conteúdos por meio de uma situação-problema, 138
- 8.3 Como avaliar dentro dessa nova perspectiva, 143

(9) O papel da EJA na construção do Estado democrático de direito, 149
- 9.1 A educação e o Estado democrático, 154
- 9.2 A EJA e o Estado democrático de direito, 155

(**10**) Retomando os principais temas, 163

    10.1 Os cursos noturnos e a EJA, 166

    10.2 O perfil dos alunos da EJA, 168

    10.3 O problema da evasão escolar na EJA, 169

    10.4 Principais ideias sobre a evasão escolar, 170

    10.5 Um caminho para a mudança, 172

    10.6 O Estado democrático e a EJA, 174

Referências, 179

Gabarito, 181

O meu desígnio não é ensinar aqui o método que cada qual deve seguir para bem conduzir sua razão, mas apenas mostrar de que maneira me esforcei por conduzir a minha.
– Descartes, 1987, p. 30.

Apresentação

A Educação de Jovens e Adultos (EJA) tem por finalidade, com o ensino, a inclusão social de todos aqueles que, por um motivo ou outro, não puderam ou não tiveram a oportunidade de concluir os estudos no tempo regular de escolarização.

Tendo em vista essa meta, buscamos diagnosticar os problemas que circundam essa modalidade de ensino, que abrange o ensino básico, o fundamental e o médio. Acima de tudo, procuramos apontar caminhos para a superação desses empecilhos, que muitas vezes se somam e contribuem para o fracasso escolar e o abandono da escola.

Em suma, nosso objetivo não é dizer o modo como os futuros professores que atuarão na EJA devem proceder e/ou ministrar suas aulas, mas, sim, por meio de nossa experiência, adquirida em muitos anos de prática docente em todos os níveis de ensino, contribuir para que o futuro profissional possa ter uma noção a respeito do que vem acontecendo em relação ao ensino de jovens e adultos. Em outras palavras, procuramos visualizar o modo como estamos trabalhando e como percebemos a questão educacional da EJA. Conforme mencionamos, não pretendemos criar a receita infalível de trabalho, mas, sim, demonstrar aquilo em que acreditamos, apoiados por outros autores com os quais comungamos e fundamentamos nosso trabalho e nossa prática diários.

Trabalhar com a EJA é, sem dúvida alguma, uma experiência ímpar e de grande satisfação, pois, acima de tudo, aprendemos diuturnamente com nossos alunos, que contribuem para o nosso aprendizado com a vivência e a experiência de vida que trazem consigo para a sala de aula. Esse elemento talvez seja o mais enriquecedor para nós, como professores e seres em constante construção e transformação. Cabe, ainda, salientar que trabalhar com jovens e adultos nos faz perceber a sociedade com infinitas possibilidades e que esse contato é rico, plural e, principalmente, rejuvenescedor. Dito de outra forma, não há outra profissão no mundo que possibilite o constante rejuvenescimento, pois a convivência diária com alunos nos transforma e nos restitui a juventude, e isso somente a educação e o magistério podem oferecer.

(1)

O surgimento dos cursos
noturnos no Brasil

Leandro Jesus Basegio é formado em História pela Universidade Federal do Rio Grande do Sul (UFRGS) e possui especialização na área da educação pelo Centro Universitário La Salle (Unilasalle), campus *Canoas, RS. É também mestrando em Sociologia pela UFRGS, desenvolvendo pesquisa na linha de violência, direito e cidadania.*

Renato da Luz Medeiros é formado em História pela Faculdade Porto-Alegrense (Fapa) e mestre em Geografia pela Universidade Federal do Rio Grande do Sul (UFRGS), com dissertação intitulada "Casa de Correção: o cadeião da volta do gasômetro".

Leandro Jesus Basegio
Renato da Luz Medeiros

A questão do ensino noturno, assim como a alfabetização de jovens e adultos, não é nenhuma novidade, pois desde os tempos do Brasil Império podemos verificar a preocupação governamental com a educação destinada aos adultos. Nesse sentido, naquela época, tal como hoje, as aulas noturnas eram destinadas a trabalhadores e buscavam proporcionar estudo àqueles que não tiveram oportunidade e/ou tiveram de interrompê-lo devido a diversos fatores, principalmente em razão do trabalho.

A reforma de Leôncio de Carvalho, de 1879 – ainda nos tempos do império (1822-1889) –, indicou a necessidade de se multiplicarem os cursos primários noturnos e impôs a obrigatoriedade do ensino. Contudo, a proliferação das escolas noturnas no Brasil surgiu de forma generalizada devido às grandes mudanças estruturais na economia e na sociedade brasileira a partir das décadas de 1950 e 1960. É nessas décadas que o Brasil passa por um rápido processo de industrialização e de explosão demográfica urbana, consolidando definitivamente o modelo urbano-industrial na sociedade (Rodrigues, 1995, p. 60).

Nesse contexto, pode-se verificar, pelo censo populacional de 1970, que a população urbana superava, pela primeira vez em nossa história, a população rural, pois, de um total de 93 milhões de habitantes, 52 milhões viviam nos centros urbanos, enquanto 41 milhões permaneciam no meio rural. Esse número se apresenta ainda maior no censo populacional de 2000, que aponta 80% da população brasileira vivendo no meio urbano (IstoÉ, 1998).

O desenvolvimento industrial tardio da economia brasileira acabou reforçando a exclusão social, uma vez que se processou de forma imitativa, tentando impor ao país modelos e padrões de comportamento trazidos das economias capitalistas centrais, sem, contudo, preparar a população para que pudesse se adequar aos novos tempos (Furtado, 2001, p. 420). Foi nessa época que ocorreu a proliferação das escolas noturnas no Brasil.

Com o aumento da instalação industrial no país, surgiram novas possibilidades de emprego e de ascensão social. Todavia, o emprego industrial exigia um trabalhador preparado, como também a credencial escolar exercia forte influência na estrutura da hierarquia profissional das grandes empresas (Rodrigues, 1994, p. 76-78). Logo, a educação passou a ser um elemento importante dentro da dinâmica do mercado de trabalho brasileiro, em todos os níveis: fundamental, médio e superior. Esse movimento, impulsionado pela lógica do credencialismo, gerou um grande aumento da demanda por escolas que oferecessem ensino noturno. Esse momento, por sua vez, levou os poderes públicos a aumentarem o número de matrículas nesses cursos, já que se destinavam a atender às massas trabalhadoras.

Observa-se que a tendência é sempre a mesma, isto é, os cursos noturnos foram inaugurados com vistas à viabilização da mão de obra para atender às demandas geradas pelo desenvolvimento industrial. Esse processo levou, nas primeiras décadas do século XX, a uma forte pressão, devido à demanda por mão de obra qualificada gerada pelo modelo de substituição de importações adotado pelo Brasil para fazer frente às necessidades impostas pela Primeira Guerra Mundial (1914-1918). Essa guerra estagnou as economias centrais do sistema capitalista, produtoras de artigos industrializados, como demonstra Iglesias (1994, p. 97):

> *A consulta ao Censo Industrial de 1920 dá a ideia do significado do período para o incremento industrial. Consigna-se aí a existência de 13.336 estabelecimentos, que empregam 275.512 operários. [...] Se entre 1910 e 1914 o número de estabelecimentos fundados é de 3.135, o de 1915 a 1919 é de 5.936.*

É importante destacarmos que o sistema público de ensino brasileiro nunca observou um movimento de expansão que visasse à melhoria das condições de acesso da população à educação. Porém, os movimentos de expansão desse sistema sempre foram ao encontro de interesses econômicos e políticos dos grupos dominantes da sociedade brasileira. É o caso da cidade de Porto Alegre, onde a implantação do curso noturno em 1919, no então Instituto Educacional Parobé, visava preparar operários para consolidarem o capitalismo no Estado do Rio Grande do Sul. Esse fato ficou evidente pela já citada reforma de Leôncio de Carvalho (1822-1889), que demonstrou a necessidade de ampliar os cursos noturnos e, também, a obrigatoriedade do ensino.

Embora, à primeira vista, essa reforma parecesse ser movida por "boas intenções", seus objetivos últimos estavam na ampliação das bases eleitorais, uma vez que o advento do voto direto, vetado ao cidadão analfabeto, traria consequências ao equilíbrio de poder. Essa mesma política continuou a ser utilizada pela República Velha (1889-1930), que com a Lei nº 88, de 1892, expandiu o ensino noturno, demonstrando a possibilidade de abalar a hegemonia dos setores agrários em prol dos setores urbano e industrial, aumentando o contingente eleitoral desses setores com base na alfabetização dos trabalhadores (Rodrigues, 1994, p. 85-86).

Em suma, a ampliação do sistema público de ensino brasileiro e a consequente generalização dos cursos noturnos não buscaram, em momento algum, propiciar à população um maior acesso à educação. O objetivo era fornecer operários qualificados ao sistema industrial que nascia. Por fim, os interesses predominantes sempre estiveram atrelados aos grupos econômicos e políticos que dominaram e dominam as conjunturas social, política e econômica do país.

Essas observações destacam uma das principais características do sistema de ensino brasileiro, que é a sua dicotomia entre dois tipos de escola: uma pensada e planejada para os filhos da elite e a outra pensada e planejada para os filhos do povo. Essa dicotomia, que já era denunciada por Anísio Teixeira na primeira metade do século XX, consolidou a tradição classista da educação brasileira (Rodrigues, 1995, p. 50).

Atualmente, esse problema apresenta mais uma faceta que, como agravante, trouxe a dicotomia para dentro da própria unidade escolar. Em outras palavras, com o avanço dos cursos noturnos, observamos que há uma escola para os alunos do turno diurno e outra para os do noturno. Porém, essa diferenciação, que poderia ser positiva, caso fosse feita em nome do respeito às características do TRABALHADOR-ESTUDANTE – aluno dos cursos noturnos –, traz consigo um caráter preconceituoso, sobretudo devido à perda da qualidade do ensino, reforçando o estigma sobre aqueles trabalhadores-estudantes que não obtêm ou não obtiveram sucesso na modalidade de ensino regular.

(1.1)
As características dos cursos noturnos

Como vimos, os cursos noturnos no Brasil, desde que surgiram, apresentaram uma característica bem definida: atender às massas trabalhadoras, dando continuidade à formação destas e capacitando-as para o emprego industrial. A atenção a esses pontos é importante, uma vez que nos proporciona uma compreensão mais clara do caráter das escolas noturnas e da constituição atual destas. Ao mesmo tempo, fornece indícios sobre as causas do grande fracasso dos estudantes que acabam se dirigindo para o ensino noturno.

Nesse sentido, a compreensão desses problemas exige uma análise mais ampla, que extrapole os muros da escola e volte sua atenção para questões estruturais, como a lógica das relações de produção e os interesses políticos da elite brasileira. A legislação educacional brasileira faz referência à obrigatoriedade da oferta de cursos noturnos. Todavia, essa legislação não normatiza o funcionamento das escolas noturnas, o que acaba por determinar uma mesma estrutura e organização funcional a todos os turnos de trabalho na escola. Diante disso, observamos a tentativa de homogeneização dos estudantes, uma vez que a legislação trata de maneira igual os desiguais, isto é, estudantes do diurno e trabalhadores-estudantes do noturno estão submetidos às mesmas regras e à mesma organização, porém são movidos por objetivos, expectativas e motivações inteiramente diversos, como nos indica Rodrigues (1994, p. 106):

> *Em contrapartida, a organização administrativa, pedagógica e disciplinar da escola à noite desconsidera as atitudes e o saber prático, adquiridos no dia a dia do trabalho, impõe prazos e critérios de avaliação da aprendizagem ao aluno noturno que acabam por desestimular o seu interesse em prosseguir a sua escolarização.*

Isso indica que o ensino noturno acaba por ter um caráter excludente, uma vez que não está voltado para a realidade desse trabalhador-estudante, o que torna sem significado os conteúdos desenvolvidos pela escola e entra em contradição direta com as expectativas de caráter imediatista dos estudantes.

A realidade do ensino noturno apresenta uma série de diferenças em relação ao diurno. Essa situação é agravada desde o momento em que a homogeneização impõe um currículo único às escolas, porém as condições para que os conteúdos estabelecidos pelo currículo sejam desenvolvidos são diferentes. É comum, em grande parte das escolas noturnas, que os serviços de apoio – biblioteca, supervisão e orientação – tenham funcionamento limitado, com horários reduzidos ou mesmo que não funcionem. A falta de professores, funcionários e a má funcionalidade dos setores, assim como os estudos dirigidos a distância – uma forma de recuperar a carga horária perdida –, são elementos constantes dentro da realidade do ensino noturno, de acordo com o que observamos com base em nossa prática profissional e, também, nos apontamentos de Rodrigues (1994, p. 107):

A rigidez dos horários de entrada e saída, a infrequência dos professores, o elevado número de alunos por classe, a falta de pessoal administrativo indispensável e mesmo a disposição das disciplinas no horário representam barreiras de difícil superação para uma população estudantil que, na maioria das vezes, encara as aulas noturnas como uma segunda ou terceira jornada de trabalho.

Embasados nessas considerações, podemos verificar que a dita igualdade de condições para o acesso e a permanência na escola a todos os estudantes, propagada pela Lei de Diretrizes e Bases da Educação Nacional (LDBEN) – Lei nº 9.394, de 20 de dezembro de 1996 (Brasil, 1996), em seu art. 206, inciso I, é, na verdade, para o trabalhador-estudante noturno, um ponto-chave no processo de seletividade social e exclusão que lhe impõe o sistema de ensino. Observa-se que a LDBEN/1996 entende por *igualdade de condições* a manutenção de uma mesma estrutura e forma de funcionamento da unidade escolar nos dois turnos de trabalho, quando o que se desejaria é a existência de uma estrutura de funcionamento e de conteúdos programáticos adaptados à realidade e às características dos estudantes de cada turno.

Só assim poderíamos dizer que há igualdade de condições para o acesso e a permanência na escola. Dessa forma, podemos observar que a referida dicotomia presente na educação brasileira já há muito tempo – que destina um tipo de escola para os filhos das classes dominantes e outro tipo para os filhos das famílias trabalhadoras – avançou com a generalização do ensino noturno, chegando a ponto de estar presente dentro da própria unidade escolar.

As escolas, tanto do ensino fundamental como do nível médio, e mesmo as localizadas em comunidades carentes, retratam bem essa divisão. Uma é a escola do ensino diurno, na qual a maior parte de seus alunos não trabalha e, em geral, apresenta uma faixa etária compatível com a série que está cursando. Nessa escola, o aluno tem tempo para a execução de pesquisas e de outros tipos de atividades de caráter extracurricular, bem como a possibilidade de utilizar toda a estrutura de apoio que a escola oferece – como biblioteca e computadores – no horário paralelo ao que frequenta as aulas. Outra é a escola do ensino noturno, que apresenta uma clientela formada por alunos que retornaram para a escola depois de um longo tempo afastados e/ou enviados para resgatar carências de toda ordem. Nessa escola noturna, os alunos, em grande parte, chegam nela após uma longa jornada de trabalho – muitas vezes cumprida em localidades extremamente distantes da escola ou de suas residências. Esses estudantes, muitos com idade avançada, com família e filhos, buscam na escola uma resposta imediata para suas questões financeiras, ao mesmo tempo que têm a esperança de ascensão social e empregatícia. A maioria desses estudantes não dispõe de grande tempo para a realização de tarefas extraclasse, que lhes possibilite, talvez, uma melhor compreensão dos conteúdos desenvolvidos em aula pelos professores.

Outro aspecto importante é que, na maioria das vezes, esses estudantes são indivíduos que já possuem um histórico de fracasso ou de evasão escolar, o que, por si só, já os coloca em uma relação de confronto com a instituição escolar. Várias dessas questões são percebidas, cotidianamente, em nossa prática profissional, por meio das falas de muitos estudantes que se colocam como indivíduos incapazes de apreender determinados conteúdos. A autoestima dos alunos do ensino noturno, no que se refere às questões cognitivas, é, normalmente, baixa. Isso reforça a questão da seletividade social exercida pela escola, conforme foi referido aqui. Segundo Silva (1999, p. 32),

> *a ideologia atua de forma discriminatória: ela inclina as pessoas das classes subordinadas à submissão e à obediência, enquanto as pessoas das classes dominantes aprendem a comandar e a controlar. Essa diferenciação é garantida pelos mecanismos seletivos que fazem com que as crianças das classes dominadas sejam expelidas da escola antes de chegarem àqueles níveis onde se aprendem os hábitos e habilidades próprias das classes dominantes.*

A seletividade social praticada pela escola, principalmente a noturna, que tem como público-alvo os trabalhadores, afeta diretamente essa população que não possui outro meio que não a instituição escolar pública para apreender os conhecimentos e as habilidades socialmente mais valorizados.

O que a escola oferece aos trabalhadores? No caso dos cursos técnicos, apenas habilidades que lhes possibilitem serem bons trabalhadores dentro do sistema capitalista. Todavia, como já havíamos referido, para os trabalhadores-estudantes, a escola é também um espaço em que se efetiva uma segunda socialização, para a qual o trabalhador-estudante leva junto suas experiências do mundo do trabalho e suas expectativas imediatistas de mudança nas próprias condições materiais. Porém, ao receber da escola o mesmo tipo de tratamento destinado ao estudante não trabalhador, o trabalhador-estudante vê reforçada a sua posição dentro da escala social, como um indivíduo pertencente às classes mais baixas e, dentro da lógica das relações de produção, colocado no polo manual do mundo do trabalho (Rodrigues, 1995, p. 68).

A escola noturna apresenta esse caráter perverso que, em grande parte das vezes, impele o estudante à evasão. Porém, ela cumpre seu papel de aparelho de reprodução social, contribuindo para a manutenção da ordem vigente de maneira imperceptível para a grande massa da população. Segundo Silva (1999, p. 33):

> *A escola contribui para esse processo não propriamente através do conteúdo explícito de seu currículo, mas ao espelhar, no seu funcionamento, as relações sociais do local de trabalho. As escolas dirigidas aos trabalhadores subordinados tendem a privilegiar relações sociais nas quais, ao praticar papéis subordinados, os estudantes aprendem a subordinação. [...] É, pois, através de uma correspondência entre relações sociais da escola e as relações sociais do local de trabalho que a educação contribui para a reprodução das relações sociais de produção da sociedade capitalista. Trata-se de um processo bidirecional. Num primeiro movimento, a escola é um reflexo da economia capitalista ou, mais especificamente, do local de trabalho capitalista. Esse reflexo, por sua vez, garante que, num segundo movimento, de retorno, o local de trabalho capitalista receba justamente aquele tipo de trabalhador [sic] que necessita.*

Diante disso, devemos nos questionar sobre qual o verdadeiro papel que a educação pública procura desempenhar dentro da estrutura social brasileira. Há duas opções: uma que ratifica a desigualdade, por meio de seus mecanismos de reprodução do *status quo*, da seletividade social e da exclusão. A outra é que cabe a nós construirmos e que busquemos compreender a escola como um instrumento de libertação e transformação, com base em uma abordagem crítica dos fenômenos sociais e da realidade dos alunos. Enfim, criar os meios para a construção de uma escola pluralista, que saiba diagnosticar as diferenças existentes em seu meio e que possibilite diferentes formas de aprendizagem aos estudantes, evitando uma padronização e uma uniformização generalizadas. Essa, certamente, não será uma tarefa de fácil realização, mas não podemos simplesmente cruzar os braços e esperar que os governos e/ou as leis estabeleçam esse ideal. Por fim, cabe ressaltar que essa meta deve ser buscada por todos e que não devemos desanimar diante das dificuldades, que são muitas, mas devemos, sim, lutar cotidianamente para a melhoria da educação e, consequentemente, do desenvolvimento da sociedade brasileira.

(.)
Ponto final

- A questão do ensino noturno, assim como a alfabetização de jovens e adultos, não é nenhuma novidade, pois desde os tempos do Brasil Império podemos verificar a preocupação governamental com a educação destinada aos adultos.
- As aulas noturnas sempre foram destinadas a trabalhadores e buscavam oportunizar estudos àqueles que não tiveram oportunidade e/ou tiveram de interrompê-los por uma série de fatores, principalmente o trabalho.

- A reforma de Leôncio de Carvalho de 1879, ainda nos tempos do império (1822-1889), indicou a necessidade de se multiplicarem os cursos primários noturnos e impôs a obrigatoriedade do ensino.
- Contudo, a proliferação das escolas noturnas no Brasil surgiu de forma generalizada devido às grandes mudanças estruturais na economia e na sociedade brasileira a partir das décadas de 1950 e 1960.
- O censo populacional de 1970 indicava que a população urbana superava, pela primeira vez em nossa história, a população rural, pois, de um total de 93 milhões de habitantes, 52 milhões viviam nos centros urbanos, enquanto 41 milhões permaneciam no meio rural. Esse número foi ainda maior no censo populacional de 2000, que apontou 80% da população brasileira vivendo no meio urbano.
- Com o aumento da instalação industrial no país, surgiram novas possibilidades de emprego e de ascensão social. Assim, o emprego industrial exigia um trabalhador preparado e a credencial escolar.
- Esse movimento, impulsionado pela lógica do credencialismo, acabou gerando um grande aumento da demanda por escolas que oferecessem ensino noturno.
- É importante destacar que o sistema público de ensino brasileiro nunca observou um movimento de expansão que visasse à melhoria das condições de acesso da população à educação.
- O objetivo da ampliação dos cursos noturnos na sociedade brasileira era fornecer operários qualificados ao sistema industrial que nascia.
- A realidade do ensino noturno apresenta uma série de diferenças em relação ao ensino diurno. Essa situação é agravada desde o momento em que a homogeneização impõe um currículo único às escolas.

- É comum, em grande parte das escolas noturnas, que os serviços de apoio – biblioteca, supervisão e orientação – tenham um funcionamento limitado, com horários reduzidos ou mesmo que não disponíveis.
- A falta de professores, funcionários e a má funcionalidade dos setores, assim como a não recuperação da carga horária perdida, são elementos constantes na realidade do ensino noturno.
- Os alunos, em grande parte, chegam à escola após uma longa jornada de trabalho cumprida, na maioria das vezes, em localidades extremamente distantes da escola ou de suas residências.
- A autoestima dos estudantes do ensino noturno, no que se refere às questões cognitivas, é, normalmente, baixa. Isso reforça a questão da seletividade social exercida pela escola.
- Os educandos do ensino noturno, muitas vezes, acabam recebendo da escola o mesmo tipo de tratamento destinado ao estudante do diurno, e isso reforça, ainda mais, uma posição de exclusão social e de fracasso escolar que esse aluno já vivenciou e experimentou pelo ensino tradicional.
- A escola noturna apresenta esse caráter perverso, que em grande parte das vezes impele o estudante à evasão. Porém, ela cumpre o seu papel de aparelho de reprodução social, contribuindo para a manutenção da ordem vigente.
- Diante disso, devemos nos questionar qual o verdadeiro papel que a educação pública procura desempenhar dentro da estrutura social brasileira.
- Por fim, cabe ressaltar que não devemos desanimar diante das dificuldades, que são muitas, mas devemos, sim, lutar cotidianamente para a melhoria da educação e, consequentemente, do desenvolvimento da sociedade brasileira.

Atividades

1. Podemos afirmar que a questão do ensino noturno, assim como a alfabetização de jovens e adultos, é:
   a. uma novidade, pois somente depois do surgimento da LDBEN/1996 é que teve início a implantação dos cursos noturnos e da EJA.
   b. uma preocupação desde os tempos do Brasil Império, que se pode verificar por meio das ações governamentais da época, as quais instituíram os cursos noturnos voltados aos adultos e aos trabalhadores.
   c. um grave problema, pois não existiam escolas na época do império, somente em Portugal, onde poucos estudavam.
   d. uma situação resolvida no Brasil, pois nunca existiram cursos noturnos para a alfabetização de jovens e adultos e nunca existirão, devido à inexistência de demanda, uma vez que todas as crianças se encontram matriculadas no período diurno e a taxa de analfabetismo está próxima de zero.

2. Conforme o censo populacional de 1970, pode-se constatar que ocorreu uma mudança no que se refere à população brasileira. Essa mudança reflete:
   a. o fato de, pela primeira vez na história do Brasil, a população urbana superar a população rural, pois, dos 93 milhões de habitantes, 52 milhões passaram a viver nos centros urbanos.
   b. que a população urbana – até 1970 era superior à população rural – sofreu uma queda vertiginosa, pois, dos 93 milhões de habitantes, 54 milhões passaram a viver no meio rural.
   c. que, a partir de 1970, passou a existir um equilíbrio populacional entre a população rural e a urbana que se

manteve estável até os dias atuais, com aproximadamente 51% vivendo nos centros urbanos e 50% no meio rural.

d. a população rural superou, a partir de 1970, a população urbana devido à realização da reforma agrária e dos incentivos governamentais para a produção no meio rural.

3. Podemos afirmar que o objetivo da ampliação dos cursos noturnos na sociedade brasileira sempre foi o de contribuir para:
   a. o desenvolvimento pessoal e cultural dos cidadãos, para que, dessa forma, o país atingisse o patamar de nação desenvolvida entre as grandes nações.
   b. que, por meio da educação, a população pudesse realizar uma verdadeira revolução cultural, política, econômica e social no país.
   c. o fornecimento de mão de obra capacitada para o mercado de trabalho, a fim de suprir a demanda gerada pelo incremento industrial.
   d. o nascimento de uma sociedade justa, com equidade, respeito e oportunidades iguais para toda a população brasileira.

(2)

Noções elementares sobre a EJA

Leandro Jesus Basegio
Renato da Luz Medeiros

A questão do ensino destinado aos jovens e aos adultos não é um problema novo no contexto social brasileiro. Há muito se tem discutido a situação que distancia aqueles que obtiveram conhecimento e instrução no formato tradicional de escolarização dos demais, que tiveram de abandonar os estudos por falta de oportunidade e/ou por ter de optar pelo trabalho em detrimento dos estudos. Dessa forma, estes acabaram excluídos da escola e desprovidos do conhecimento e da formação que somente essa instituição proporciona.

Via de regra, esses alunos, quando decidem retomar os estudos, em sua maioria, acabam ingressando nos cursos de escolas públicas, oferecidos no período da noite, ou seja, nos cursos do ensino noturno que são estabelecidos pelas secretarias de educação dos estados e dos municípios. Não que as escolas privadas não ofereçam essa modalidade de ensino, mas o fato é que a maioria daqueles que buscam retomar os estudos possui carências diversas e, entre elas, a dificuldade financeira é uma das que mais se salienta. Por essa razão, o grande número de alunos que retomam os estudos procura as escolas públicas para suprir suas carências educacionais, culturais, sociais e econômicas.

(2.1)
A condição social dos alunos

Na maioria dos casos, os alunos que abandonaram os estudos durante o período regular ou nem chegaram a ingressar na escola tomaram essa atitude em consequência de sua condição socioeconômica. A necessidade, desde muito cedo, de ter de contribuir para o sustento da família é um grave problema que milhares de brasileiros enfrentam diariamente e é uma situação que o Brasil ainda não eliminou da sociedade. Essa é uma lamentável chaga social. Não há como negar sua presença na vida diuturna e, para se constatar esse fato, basta percorrer as ruas das grandes cidades brasileiras.

É evidente que não é apenas a questão financeira que afasta os alunos da escola. Existe uma série de fatores que contribui para esse processo de exclusão escolar.

Entre esses fatores estão os altos índices de reprovação no ensino regular que, por sua vez, somam-se aos muitos motivos que fazem com que os alunos abandonem a escola e os estudos. O fracasso escolar está intimamente ligado à desmotivação, por parte dos estudantes, no que se refere à continuidade dos estudos. É claro que esse fator se incorpora a muitos outros problemas, como as dificuldades financeiras que geram a obrigatoriedade de contribuir com um salário em casa, para o custeio das despesas e a sobrevivência do grupo familiar.

(2.2)
A sistemática educacional e a EJA

Atualmente, a escola pública no Brasil adota a modalidade de ensino denominada *Educação de Jovens e Adultos* (EJA), para todos os adultos e jovens que não concluíram os estudos e que precisam ou desejam retornar à escola a fim de obter conhecimento e concluir os estudos. A EJA, conforme entendemos hoje, surgiu por meio da Lei nº 9.394, de 20 de dezembro de 1996, denominada *Lei de Diretrizes e Bases da Educação Nacional* (LDBEN/1996 – Brasil, 1996).

A EJA abrange uma ampla faixa etária, que se dá a partir dos 15 anos, sendo que dessa idade em diante recebe um enorme contingente de alunos, com uma grande variação entre as faixas etárias. A procura dos estudantes por essa modalidade de ensino visa à obtenção de conhecimentos e de ascensão social, profissional, cultural e econômica.

O Brasil, antes de criar a modalidade de ensino EJA, possuiu, e ainda possui, outras formas de ensino para as pessoas que, por vários motivos, não conseguiam cursar a modalidade regular de ensino e concluir os estudos no tempo normal e/ou regular.

Anteriormente ao que hoje se denomina EJA, o país empregava o sistema de supletivo, no qual o aluno normalmente ingressava a partir dos 18 anos de idade. Na maioria dos casos, esse estudante teve de interromper os estudos devido às carências e às necessidades sociais e econômicas com as quais se deparava, tendo assim de trabalhar. No curso supletivo, via de regra, o educando que, por exemplo, havia interrompido os estudos na 5ª série, voltava e concluía essa etapa em um semestre letivo. No semestre seguinte, esse estudante concluía a 6ª série, e assim sucessivamente, até concluir a 8ª série do ensino fundamental. Portanto, em dois anos, ele concluía o antigo 1º grau.

O supletivo para o ensino médio seguia o mesmo procedimento, ou seja, um aluno que havia concluído a 8ª série poderia ingressar na modalidade supletiva do 2º grau e concluir os estudos da mesma maneira, muito embora o número de escolas públicas existentes com essa modalidade fosse bem menor que as de 1º grau. Havia também o ensino regular noturno, tanto para o 1º grau quanto para o 2º grau. Essas modalidades, por sua vez, eram mais disponibilizadas do que as de ensino supletivo. Era muito mais fácil e tranquilo um estudante obter uma vaga em uma escola pública, em um curso regular do 1º grau noturno, que obter uma vaga no supletivo noturno, e mais difícil era se a procura fosse pelo ensino supletivo do 2º grau noturno nas escolas públicas.

As políticas públicas educacionais entendiam que a inserção desses alunos deveria ocorrer, preferencialmente, no ensino regular noturno. O educando era, de certa forma, encarado da mesma maneira que o estudante que frequentava o ensino diurno. As carências e especificidades desse aluno do noturno não eram levadas em conta.

Cabe salientar que o sistema educacional de ensino público no Brasil, em nenhum momento de sua história, garantiu plenamente o acesso da população à educação. As políticas públicas, de um modo geral, estiveram sempre ligadas a interesses particulares de grupos dominantes e, especificamente em relação à educação, as reformas educacionais sempre estiveram vinculadas aos interesses de grupos econômicos mais privilegiados, tanto na esfera pública quanto na privada. As reformas educacionais pelas quais o Brasil passou buscaram sempre atender às necessidades econômicas do mercado, fosse ele nacional ou internacional.

É imperioso destacar que a criação dos cursos profissionalizantes que proliferaram no país a partir das décadas de 1950 e 1960 visava principalmente à sustentabilidade do mercado e à manutenção do sistema emergente. Nesse sentido, o que se buscava, em última análise, era a viabilização do projeto de implantação da industrialização no país. Desse modo, era necessário um trabalhador ou operário que dominasse determinados conhecimentos para poder executar as tarefas e se integrar plenamente ao mercado, ao mesmo tempo como trabalhador e consumidor.

Essa visão ainda perdura. Contudo, é sabido que hoje a escola não garante a empregabilidade futura dos alunos, tampouco existe a garantia e/ou a certeza do sucesso profissional. E é justamente nesse contexto que a EJA se insere atualmente: no mundo das incertezas, em uma sociedade efêmera de valores e suscetível a mudanças que nem sempre significam ou se traduzem em melhoria das condições de vida da maioria da população.

Por essa razão, o educador que vai lecionar para os jovens e os adultos deve ter em mente que esses alunos se caracterizam por uma condição diferenciada, em relação aos estudantes do ensino diurno. Os educandos da EJA, conforme mencionado anteriormente, quando retornam à escola, almejam o resgate do conhecimento que foi perdido e/ou que jamais foi alcançado. Entretanto, esses estudantes, de um modo geral, voltam com muitas dificuldades, tanto materiais quanto de aprendizagem.

É justamente nesse último aspecto que o professor deve tomar todos os cuidados necessários, para não reproduzir o mesmo tipo de metodologia empregada no ensino regular e destinada aos alunos do ensino diurno. Essa prática muitas vezes ocorre, mas não é positiva para os alunos da EJA, uma vez que esses educandos, em grande parte, abandonaram e/ou interromperam os estudos devido ao sistema regular. A metodologia do ensino regular diurno, na forma tradicional, não conseguiu atingir esses alunos e suas especificidades. Dessa forma, fica evidente que o fracasso escolar está intimamente ligado ao plano político-pedagógico adotado pelo professor e pela escola como um todo.

Assim sendo, é de vital importância que os educadores que lecionam na EJA sejam precavidos e evitem reproduzir as mesmas metodologias empregadas no ensino regular do diurno. Agindo de outra forma, o professor estará prestando um desserviço ao processo educacional. Os estudantes da EJA, ao longo de sua vida escolar, de um modo ou de outro, já sofreram um processo de exclusão. Se, ao retomarem seus estudos, receberem um tratamento nos moldes tradicionais, certamente acabarão sendo excluídos novamente da escola.

Portanto, cabe ao professor e à escola propiciar uma ação político-pedagógica que inclua esses alunos no contexto escolar, no mundo do saber, mas de forma diferenciada, de uma maneira que o educando possa ingressar na EJA com tranquilidade, a fim de que avance gradualmente no mundo do conhecimento. Se, para isso, é fundamental que o processo de ensino-aprendizagem seja distinto do praticado no ensino regular diurno, deve-se ter em mente que cada modalidade possui suas especificidades e, diante disso, o professor e a escola devem estabelecer os melhores procedimentos estruturais, pedagógicos e curriculares a serem aplicados à EJA, sempre em consonância com particularidades desta. Deve-se sempre levar em conta a comunidade e o público-alvo, com suas características e suas necessidades. A escola e os professores, ao observarem esses dados, certamente terão mais condições de proporcionar um ensino mais voltado para a realidade dos alunos e obter melhores resultados no que se refere à inclusão desses estudantes na vida escolar e no mundo social, que, em última instância, é a grande meta da educação.

(.)

Ponto final

- A questão do ensino destinado aos jovens e aos adultos não é um problema novo no contexto social brasileiro.
- Há muito se tem discutido a situação que distancia aqueles que obtiveram conhecimento e instrução no formato tradicional dos que tiveram de abandonar os estudos, por falta de oportunidade e/ou por terem de optar pelo trabalho.
- Na maioria dos casos, os alunos abandonaram os estudos durante o período regular ou nem chegaram a

ingressar na escola. Tomaram essa atitude em consequência de sua condição socioeconômica.
- Os estudantes, quando decidem retomar os estudos, em sua maioria acabam ingressando nos cursos de escolas públicas, oferecidos no período noturno.
- É evidente que não é apenas a questão financeira que afasta os educandos da escola. Existe uma série de fatores que contribui para esse processo de exclusão escolar. Entre eles, destacam-se os altos índices de reprovação.
- A EJA, conforme entendemos hoje, nasceu por meio da LDBEN/1996.
- A EJA abrange uma ampla faixa etária, que se dá a partir dos 15 anos, sendo que, dessa idade em diante, essa modalidade de educação recebe um enorme contingente de alunos, com uma grande variação entre as faixas etárias.
- A procura dos estudantes por essa modalidade de ensino visa à obtenção de conhecimentos e de ascensão social, profissional, cultural e econômica.
- No Brasil, antes de ser criada a modalidade de ensino EJA, houve outras formas de ensino para as pessoas que, por vários motivos, não conseguiram cursar a modalidade regular de ensino e concluir os estudos no tempo normal e/ou regular.
- Anteriormente ao que hoje se denomina *EJA*, o país empregava o sistema de supletivo, no qual o aluno normalmente ingressava a partir dos 18 anos de idade e na maioria dos casos devido ao trabalho.
- As políticas públicas educacionais entendiam que a inserção desses estudantes deveria ocorrer, preferencialmente, no ensino regular noturno. O educando era, de certa forma, encarado da mesma maneira que o aluno que frequentava o ensino diurno.

- O sistema educacional de ensino público no Brasil, em nenhum momento de sua história, garantiu plenamente o acesso da população à educação.
- A criação dos cursos profissionalizantes, que proliferaram no país a partir das décadas de 1950 e 1960, visava principalmente à sustentabilidade do mercado e à manutenção da plataforma industrial emergente.
- Essa visão ainda perdura, contudo é sabido que hoje a escola não garante a empregabilidade futura dos alunos, tampouco existe a garantia e/ou a certeza do sucesso profissional.
- O professor deve tomar todos os cuidados necessários para não reproduzir o mesmo tipo de metodologia empregada no ensino regular e destinada aos estudantes do ensino diurno.
- Os alunos da EJA, ao longo de sua vida escolar, de um modo ou de outro, já sofreram um processo de exclusão e se, ao retomarem os estudos no EJA, receberem um tratamento nos moldes tradicionais, certamente acabarão sendo excluídos novamente da escola.
- É fundamental que o processo de ensino-aprendizagem seja distinto do ensino regular ministrado às crianças que frequentam a escola no período diurno.
- Deve-se sempre levar em conta a comunidade e o público-alvo, com suas características e necessidades.
- A escola e os professores, ao observarem esses aspectos, certamente terão mais condições de possibilitar um ensino mais voltado para a realidade dos alunos e mais chance de obter melhores resultados no que se refere à inclusão desses estudantes na vida escolar e no mundo social.

Atividades

1. Em relação aos alunos que abandonaram os estudos ou nem chegaram a ingressar na escola, podemos afirmar que:
   a. na maioria dos casos, o fizeram em consequência de terem uma condição social e econômica muito aquém de suas necessidades e devido ao fato de terem de optar pelo trabalho para contribuir para o sustento da família.
   b. abandonaram a escola em razão de uma escolha alternativa de vida, que visava ao autoconhecimento, sem a intervenção institucionalizada da escola tradicional.
   c. optaram por um ensino ministrado por preceptores para adquirir uma educação sólida e de melhor qualidade.
   d. tiveram de abandonar os estudos, porque as escolas públicas foram privatizadas e isso lhes impossibilitou a continuidade dos estudos, devido à falta de recursos para o custeio da educação.

2. Em relação ao processo que afasta os alunos da escola, podemos dizer que, além dos fatores sociais em que estão inseridos, existe ainda:
   a. o problema dos altos índices de reprovação, que estimulam e corroboram para que os alunos abandonem a escola e os estudos.
   b. a questão de a escola trabalhar com os conteúdos de forma desconexa da realidade dos alunos.
   c. o fato de os projetos e as propostas pedagógicas, assim como o formato das aulas, não serem diferenciados, principalmente para os alunos do ensino noturno que, na maioria das vezes, já vivenciaram um processo de exclusão escolar.
   d. Todas as alternativas estão corretas.

3. A EJA e sua estruturação e funcionamento, conforme entendemos atualmente, nasceram:
   a. a partir do momento em que os militares assumiram o poder em 1964 e criaram a alfabetização de jovens e adultos nos cursos noturnos.
   b. com a vinda da família real portuguesa para o Brasil, que determinou a criação dos cursos noturnos para a alfabetização de jovens e adultos.
   c. no governo do Presidente José Sarney, que realizou uma reforma educacional e instituiu a criação dos cursos noturnos e a alfabetização de jovens e adultos.
   d. com a LDBEN/1996, que estabeleceu a obrigatoriedade do funcionamento da EJA, a fim de possibilitar o ensino a jovens a partir dos 15 anos e a todos os adultos que não tiveram tal oportunidade no tempo regular.

(3)

A EJA no atual contexto social

Leandro Jesus Basegio
Renato da Luz Medeiros

Conforme destacamos anteriormente, a EJA e seu enquadramento no contexto social brasileiro nasceram por meio da Lei de Diretrizes e Bases da Educação Nacional – LDBEN (Lei n° 9.394, de 20 de dezembro de 1996 – Brasil, 1996). Essa nova modalidade de ensino denominada *EJA*, prevista pela lei, tem como premissa a inclusão social por meio do processo de escolarização de todos aqueles que não tiveram oportunidade de ingressar na escola e/ou não tiveram como concluir os estudos no formato regular de ensino.

A EJA, além de proporcionar o ensino para jovens e adultos que por vários motivos abandonaram os estudos, também visa à valorização dos alunos pelo resgate da autoestima e de uma nova perspectiva de vida e de inclusão social. A premissa do ensino em qualquer de suas modalidades é a construção do conhecimento, das competências e das habilidades que são imprescindíveis ao desenvolvimento integral dos indivíduos. Todos esses objetivos dizem respeito ao processo educacional e valem tanto para o ensino regular diurno como para qualquer outra modalidade de escolarização.

Entretanto, a EJA tem o diferencial de lidar com estudantes que passaram, de um modo ou de outro, por um processo de exclusão no contexto escolar, seja por terem sido convidados a se retirar da escola, seja pela desmotivação que a escola gerou nesse aluno, seja por terem abandonado a escola para trabalhar e contribuir com alguma renda ao grupo familiar. Essa situação de exclusão, qualquer que seja, faz toda a diferença, uma vez que a escola tem de disponibilizar os meios necessários e apropriados para resgatar esses jovens e esses adultos que, na maioria das vezes, chegam desesperançados, com um grande déficit de aprendizagem e com muitas dificuldades para acompanharem e agregarem os conhecimentos que são ministrados nas escolas, sendo que, em grande parte, não possuem nenhum significado para as vidas deles no cotidiano.

Dessa forma, a EJA assume uma responsabilidade muito grande e importante dentro do contexto social brasileiro, pois sua missão é resgatar os estudantes que retornam receosos e amedrontados em consequência das experiências anteriores que os alijaram da escola. Os alunos da EJA, de um modo ou de outro, foram excluídos, e duplamente: primeiro pela sociedade, e depois pela escola, que não soube fixá-los no contexto escolar. Esse fato, por si só, já é perverso e lamentável, uma vez que o objetivo da escola é justamente o oposto: a integração e a inclusão.

(3.1)
O funcionamento e a organização da EJA no Brasil

A EJA não possui uma uniformização em relação à sua organização e ao seu funcionamento. É importante destacar que cada estado e município brasileiro organiza o funcionamento da EJA de acordo com suas especificações e particularidades, com base na região em que as escolas estão situadas. Contudo, isso não significa algo negativo, tampouco é sinônimo de desorganização e/ou descaso governamental. Muito pelo contrário: é muito importante que os estados e os municípios e suas secretarias de educação tenham autonomia e, também, possam dar essa autonomia para as escolas se organizarem da melhor forma que lhes convenha.

O Brasil é um país grande em extensão e em diversidade geográfica, econômica, cultural e política e, por isso mesmo, é extremamente edificante a liberdade de organização em todos os sentidos. Pensar uma organização curricular ou mesmo um projeto político-pedagógico padrão e uniforme para todos os estados brasileiros é, sem sombra de dúvida, um equívoco, um grave erro e, certamente, prestaria um desserviço para a educação e para o desenvolvimento da sociedade como um todo.

A sociedade brasileira é muito rica e plural, cheia de contrastes e diversidades que se coadunam formando uma nação chamada *Brasil*. É nesse contexto que se insere a EJA: em um universo repleto de matizes que variam de região para região, com especificidades e necessidades diferenciadas. Por isso, não é possível estabelecer uma política de padronização do ensino de forma única para todo o país. Essa é uma visão excludente e ultrapassada que, no passado, era vista com bons olhos, principalmente durante a época em que prevaleceram os governos do regime militar. Felizmente, com o processo de redemocratização do país, abriu-se o debate sobre a questão educacional e, principalmente, sobre os projetos pedagógicos e as políticas pedagógicas, e isso possibilitou a renovação de propostas educacionais que visavam ao desenvolvimento e à melhoria da qualidade da educação.

Entretanto, isso não quer dizer que esteja tudo bem. Muito pelo contrário, é apenas um sinal, o início de um longo trabalho que tem o objetivo de visualizar os erros e procurar alternativas para corrigi-los, a fim de colocar o "trem nos trilhos", o que certamente não será uma tarefa fácil e de rápida realização. Em outras palavras, corrigir os erros existentes no contexto educacional, assim como suas mazelas que há muito se fazem presentes, será um trabalho de longo prazo, pois envolve uma série de fatores sociais: distribuição de renda, criação de postos de trabalho, ampliação do ensino em todos os níveis, garantia do acesso ao ensino em todos os níveis para toda a população, moradia digna, saúde e segurança. Todos esses fatores estão intimamente ligados à educação, à escola, à questão do ensino-aprendizagem e, consequentemente, ao desenvolvimento da sociedade.

É importante destacar, e deixar claro, que a educação não é um ser à parte, que vive sozinho e que se autodetermina, sem ligação com os demais segmentos sociais. A educação é um componente da sociedade e não pode ser analisada separadamente dos demais componentes sociais.

Da mesma forma que as disciplinas ministradas nas escolas não podem ser estudadas de forma isolada, estanque dos demais conteúdos, assim é a educação no contexto social: não há como obter progresso e melhoria sem que haja modificações nos demais segmentos que compõem a sociedade brasileira.

É justamente nesse cenário que a EJA se enquadra, em um mosaico de nuanças e conflitos de toda a ordem. Os alunos que procuram retomar os estudos almejam um lugar digno dentro dessa sociedade que há muito lhes tirou a única chance e/ou possibilidade de ascensão e de uma vida digna, conforme garante a Constituição Brasileira.

(3.2)
A crescente demanda de alunos remetidos para a EJA

O número de alunos que se dirigem ao ensino noturno e, principalmente, para a EJA é cada vez maior. Atualmente, verifica-se que, além daqueles que tiveram de interromper os estudos para trabalhar e/ou por nunca ter tido a oportunidade de ingressar na escola, devido a vários fatores sociais e econômicos, surge também uma nova faceta nesse processo: a crescente quantidade de estudantes que, por apresentarem problemas disciplinares e/ou dificuldades de aprendizagem, acabam sendo remetidos para o ensino noturno e, consequentemente, para a EJA.

A transferência desses educandos para a EJA é um fato preocupante, pois as escolas estão se valendo da legislação que autoriza o ingresso de alunos a partir dos 15 anos e utilizam esse artifício para se livrarem dos chamados *alunos-problema*. Essa prática é um grave erro e não deve ocorrer, uma vez que o objetivo e o funcionamento da EJA não prevêm situações como essas. Muito pelo contrário, sua missão é resgatar aqueles estudantes que não tiveram a oportunidade e/ou foram excluídos do processo de escolarização no tempo regular.

A EJA não é, e não pode ser encarada, como um mero receptáculo de alunos indesejados que, por um motivo ou outro, são considerados PROBLEMA no ensino diurno. Compete às escolas trabalharem essas questões e criarem os meios para enfrentar de forma satisfatória as dificuldades que os seus estudantes lhes impõem e não simplesmente encaminhá-los para a EJA como forma de solucionar as carências e as dificuldades enfrentadas pelo ensino regular diurno. O número sempre crescente de alunos que procuram a EJA é natural, pois, como afirmamos anteriormente, existe uma grande demanda em razão de os estudantes não terem tido oportunidade de dar prosseguimento aos estudos no tempo regular. De acordo com Pérez (2007, p. 99), o Brasil possui uma grande quantidade de educandos frequentando a EJA, conforme podemos diagnosticar:

> A Educação de Jovens e Adultos, no Brasil, atende um público bastante diverso que totaliza mais de 5,5 milhões de pessoas. Ao final de 2005, no Rio Grande do Sul, mais de 200 mil pessoas estavam matriculadas na Educação de Jovens e Adultos, sendo que o município de Porto Alegre atendia mais de 10% dessa população.

Nesse sentido, fica evidente que a EJA assume uma especificidade, um grau de importância muito elevado e significativo no contexto educacional brasileiro, uma vez que está a seu encargo a grande tarefa de resgatar e possibilitar a esses alunos a plena integração dentro do processo de escolarização. O objetivo da EJA é a valorização do educando como ser humano, que busca o resgate da autoestima e a inserção social. Esse resgate somente a escola pode oferecer e viabilizar. É por meio da instituição escolar que se vislumbram os desenvolvimentos social, político, cultural e econômico, mas, acima de tudo, a construção da cidadania.

Portanto, cabe à escola enfrentar seus desafios e suas dificuldades, mas fundamentalmente precisa haver uma compreensão de que cada modalidade de ensino possui suas características e peculiaridades e, dessa forma, não se pode utilizar uma modalidade como muleta de outra. A educação não se presta a esse papel. Ao mesmo tempo, os educadores devem se comprometer com o processo educacional de forma plena. A fim de se obter os resultados almejados, devemos ter compromisso e respeito pelo trabalho que realizamos e, principalmente, pela educação, seja no ensino regular ou na EJA. Somente assim conquistaremos a educação que tanto desejamos para nosso país e para os nossos alunos, que merecem um ensino digno e de qualidade em todos os níveis, como garantem a Constituição brasileira e a LDBEN/1996.

(.)

Ponto final

- Conforme destacamos anteriormente, a EJA e o seu enquadramento no contexto social brasileiro nasceram a partir da LDBEN/1996.
- A EJA, prevista pela LDBEN/1996, tem como premissa a inclusão social por meio do processo de escolarização de todos aqueles que não tiveram oportunidade de ingressar na escola e/ou não tiveram como concluir os estudos no formato regular de ensino.

- A premissa do ensino em qualquer de suas modalidades é a construção do conhecimento, das competências e das habilidades que são imprescindíveis ao desenvolvimento integral dos indivíduos.
- A EJA tem o diferencial de lidar com alunos que passaram, de um modo ou de outro, por um processo de exclusão no contexto escolar.
- A escola tem de disponibilizar os meios necessários e apropriados para resgatar esses jovens e esses adultos que, na maioria das vezes, chegam desesperançados, com um grande déficit de aprendizagem.
- Os conhecimentos que são ministrados nas escolas não possuem, em grande parte, nenhum significado para as vidas dos alunos no cotidiano.
- Os estudantes da EJA, de um modo ou de outro, foram excluídos, e duplamente: primeiro pela sociedade, e depois pela escola, que não soube agregá-los ao contexto escolar.
- A EJA não possui uma uniformização em relação à sua organização e ao funcionamento.
- Pensar uma organização curricular ou mesmo um projeto político-pedagógico padrão e uniforme para todos os estados brasileiros é, sem sombra de dúvida, um equívoco, um grave erro, e, certamente, prestaria um desserviço para a educação e para o desenvolvimento da sociedade.
- Com o processo de redemocratização do país, abriu-se o debate sobre a questão educacional e, principalmente, sobre os projetos pedagógicos e as políticas pedagógicas, e isso possibilitou a renovação de propostas educacionais.
- Isso não significa que esteja tudo bem. Muito pelo contrário, é apenas um sinal, o início de um longo trabalho,

que tem o objetivo de visualizar os erros e procurar alternativas para corrigi-los.

- É importante destacar, e deixar claro, que a educação não é um ser à parte, que vive sozinho e que se autodetermina, sem ligação com os demais segmentos sociais. A educação é um componente dessa sociedade e não pode ser analisada separadamente dos demais componentes sociais.
- Muitas escolas se utilizam da EJA para se livrarem dos ditos ALUNOS-PROBLEMA do ensino diurno.
- A EJA não é e não pode ser encarada como um mero receptáculo de estudantes indesejados que, por um motivo ou outro, são considerados PROBLEMA no ensino diurno.
- O número sempre crescente de educandos que procuram a EJA é natural, pois, como afirmamos anteriormente, existe uma grande demanda em razão de terem tido oportunidade de dar prosseguimento aos estudos no tempo regular.
- O objetivo da EJA é a valorização do aluno como ser humano, que busca o resgate da autoestima e a inserção social.
- Os educadores devem se comprometer com o processo educacional de forma plena.
- A fim de se obter os resultados almejados, devemos ter compromisso e respeito pelo trabalho que realizamos e, principalmente, pela educação, seja no ensino regular ou na EJA.
- A educação deve propiciar um ensino digno e de qualidade em todos os níveis, como garante a Constituição Brasileira e a LDBEN/1996.

Atividades

1. Podemos afirmar que a premissa básica da EJA, no atual contexto social brasileiro, é:
   a. a garantia, única e exclusiva, da escolarização dos adultos que não puderam ingressar na escola e/ou tiveram de abandonar os estudos para trabalharem e obterem o sustento.
   b. a inclusão social por meio do processo de escolarização de todos aqueles que não tiveram a oportunidade de ingressar na escola e/ou tiveram de abandonar os estudos no período regular.
   c. a transferência de todos os alunos jovens para o ensino noturno, desde que comprovem que precisam trabalhar para a manutenção e o sustento da família.
   d. uma falácia governamental aplicada como paliativo para os alunos excluídos se sentirem integrados na sociedade e não protestarem contra os problemas sociais do país.

2. Em relação à EJA em qualquer uma de suas modalidades – ensino fundamental e médio – pode-se dizer que o fundamento principal está norteado:
   a. pela construção do conhecimento, das competências e das habilidades que são imprescindíveis ao desenvolvimento integral dos indivíduos.
   b. pelo processo quantitativo de aprovação dos alunos que visa à obtenção de recursos para as escolas, pois as que mais aprovam recebem mais verbas dos governos.
   c. pela política maquiavélica dos governos que administram o Brasil e que visam apenas à obtenção de números favoráveis no que se refere à educação brasileira para impressionar os países desenvolvidos e o mercado internacional.

d. pela centralização da educação exclusivamente sob o Governo Federal, que administra e coordena os ensinos fundamental e médio em todo o Brasil de forma uniformizada.

3. Em relação à escola e à EJA, de um modo geral, é correto afirmar:
    a. A escola tem de disponibilizar os meios necessários e apropriados para resgatar esses jovens e esses adultos que, na maioria das vezes, retornam receosos e desesperançados para a escola.
    b. A exclusão escolar também ocorre em consequência de os conhecimentos que são ministrados nas escolas, em grande parte, não possuírem nenhum significado para a vida dos alunos no cotidiano.
    c. A EJA tem o diferencial de lidar com alunos que passaram, de um modo ou de outro, por um processo de exclusão no contexto escolar.
    d. Todas as alternativas estão corretas.

(4)

As diferenças entre o ensino regular e a EJA

Leandro Jesus Basegio
Renato da Luz Medeiros

De acordo com o que discutimos até aqui, o ensino de jovens e adultos apresenta grandes diferenças com relação ao ensino regular. Não nos referimos apenas ao fato de os indivíduos que frequentam essa modalidade de ensino estarem em uma idade avançada em relação à série que cursam, se comparados com os alunos que frequentam o ensino regular, mas, sim, mais especificamente, ao fato de que esses são estudantes que, em geral, já estão inseridos no mercado de trabalho e que frequentam as aulas principalmente no turno da noite.

Essas distinções são importantes, pois as relações que esses estudantes apresentam com o mundo do trabalho incidem diretamente no seu aproveitamento escolar. Também a própria escola evidencia profundas diferenças no seu funcionamento no turno da noite, o qual se destina quase que exclusivamente para atender a alunos trabalhadores.

Portanto, neste capítulo, vamos discutir algumas das diferenças mais marcantes entre o ensino regular e a EJA, bem como avaliar as principais implicações que essas diferenças trazem para aqueles que frequentam as aulas noturnas.

(4.1)
Os problemas da estrutura escolar

Tem sido comum, nos últimos anos, a grande migração de alunos dos cursos de ensino regular para os cursos de EJA. Podemos considerar que uma das raízes desse fato encontra-se nas condições socioeconômicas desses estudantes, que muito cedo são obrigados a entrar no mundo do trabalho, optando, por isso, pela modalidade de ensino destinada a jovens e adultos.

Também vemos que uma das causas dessa situação está na própria escola, que, ao se defrontar com problemas de indisciplina criados por alguns estudantes ou mesmo de repetência frequente, espera que esses chamados *alunos- -problema* completem a idade mínima exigida para serem transferidos para a EJA (15 anos, no caso dos estudantes de ensino fundamental, e 18 anos, no caso dos de ensino médio), para encaminhá-los ao ensino noturno. Portanto, muitas vezes, o que temos, quando nos deparamos com essa situação, é um inchaço da EJA em nome do bom funcionamento do ensino regular.

Esse fenômeno deve ser percebido de forma mais detalhada, já que o simples fato de se enviar um aluno para a EJA quando ele apresenta problemas de disciplina ou de reprovação constante é um dos mais graves erros que a escola pode cometer, pois a instituição de ensino que assim procede está desqualificando a modalidade de EJA e desvirtuando os objetivos que esta tem e que estão expostos na própria Lei de Diretrizes e Bases da Educação Nacional, Lei nº 9.394, de 20 de dezembro de 1996 (LDBEN/1996 – Brasil, 1996). A EJA é destinada aos educandos que, por uma razão ou outra, acabaram tendo de interromper seus estudos durante a idade normal, bem como àqueles que não tiveram a oportunidade de realizá-los.

Ao entendermos a questão da EJA nesse sentido, concordamos com a ideia de que os alunos que frequentam essa modalidade de ensino apresentam um perfil diferenciado, assim como têm preocupações e necessidades diferentes daquelas que apresentam os estudantes que cursam o ensino regular. Os trabalhadores-estudantes, que são os principais discentes dos cursos de EJA, já estão inseridos na lógica do mercado de trabalho. São muitas vezes os principais provedores de suas famílias e chegam à escola com uma expectativa imediatista em relação aos benefícios que a escolarização pode lhes apresentar, tal como veremos mais adiante. Portanto, a alternativa de se usar a EJA como um "coringa" para resolver problemas, como os que citamos (indisciplina e repetência), apenas reforça o caráter excludente que, via de regra, essa modalidade de ensino já apresenta, no entender dos próprios alunos e da sociedade em geral.

Outro elemento marcante, ainda dentro das questões relativas à estrutura escolar, é que, durante o turno da noite, corriqueiramente, as escolas apresentam uma defasagem nos serviços de apoio ao estudante. É o caso das bibliotecas, que, com frequência, não funcionam, bem como dos laboratórios, sejam de ciências, sejam de informática, o que impede que os alunos possam realizar pesquisas ou utilizar ferramentas diferenciadas no seu processo de aprendizagem.

(4.2)
A desqualificação do ensino

Dentro das contradições que compõem o quadro da EJA, temos também o caso daqueles alunos que, de maneira voluntária, procuram essa modalidade de ensino. Contudo, nem sempre esses estudantes são trabalhadores ou precisam disponibilizar o seu dia para realizar outras tarefas. Entretanto, uma relativa parcela dos alunos que estão matriculados na EJA buscou-a em consequência de que cada semestre corresponde, normalmente, ao período de um ano letivo do ensino regular, o que faz com que essa modalidade de ensino seja mais atraente. Pensam esses estudantes em poder concluir seus estudos mais rapidamente e, o que nos parece pior, de forma mais fácil, pois acreditam que na EJA os conteúdos não são tão exigidos, diferentemente daquilo que, na visão desses mesmos alunos, ocorre no ensino regular. Tem-se um agravante dessa situação quando os próprios professores que trabalham nos cursos de EJA acabam interiorizando essa ideia, demonstrando assim incorporarem um preconceito já institucionalizado na educação brasileira, que diz que os cursos destinados aos trabalhadores, ou seja, a EJA, devem ser mais fáceis e, portanto, cristalizam a concepção de que seus alunos já são fracassados, uma vez que procuraram essa modalidade de educação.

Entendemos que o professor que age dessa forma está desqualificando seu próprio trabalho, ou pior, se desvalorizando, pois ele entende que ensinar na EJA não requer tanto preparo ou tanta dedicação como os que são necessários para atuar no ensino regular. Além disso, ao solidificar o referido preconceito, esse professor transmite ao estudante a ideia de que este é realmente um "fracassado" e que deve aceitar as facilidades que lhe são oferecidas para concluir seus estudos em um curso mais fácil do que aquele que é disponibilizado para os estudantes "normais" do ensino regular.

Entretanto, a desqualificação da EJA não se dá apenas pelo afrouxamento na qualidade do ensino, como ocorre por parte de alguns professores, com a complacência de seus diretores e supervisores pedagógicos, os quais, nesse sentido, não compreendem o significado democratizante que a modalidade de EJA representa. Os professores que se centram apenas na instrumentalização de noções básicas sobre o conhecimento formal ao aluno da EJA, sem debater a realidade diferenciada que o trabalhador-estudante vivencia, possibilitando a ele uma compreensão crítica de sua situação, muitas vezes apenas corroboram, tal como dissemos anteriormente, para o caráter excludente que está presente nessa modalidade de ensino. Nesse sentido, concordamos com o que nos diz Demo (1996):

> [esses educadores] desqualificam essa concepção plural e democrática. *Abandonam a ideia de direito social ao saber e à cultura e reduzem a escolarização ao reino das necessidades do mercado: aprender níveis elementares de leitura, escrita, cálculo para a inserção produtiva nas demandas do desenvolvimento. [...] O projeto nascente de escola pública e democrática foi desqualificado e cercado pela lógica do espaço privado, seletivo e excludente. A escola pública se expande, mas centrada na lógica do excludente.*

Conforme esse autor salienta, a escola pública no Brasil vem se expandindo. Contudo, essa expansão não está voltada para a inclusão social dos educandos e da comunidade no mundo escolar de forma democrática e pluralista. Ela apenas visa atender o mercado, e isso, de modo algum, configura uma escola qualificada. Aliás, esse processo apenas reforça a desigualdade e a exclusão social.

(4.3)
A pedagogia diretiva e a sua permanência

Percebe-se claramente nas escolas a permanência de uma pedagogia diretiva, que configura o modelo da educação tradicional chamada, por Paulo Freire, de *educação bancária*. Nesta, o aluno é visto como tábula rasa e o conhecimento é tratado como propriedade dos professores. Podemos apontar que esse é um grave problema mesmo quando ele ocorre no ensino regular, mas, quando tratamos com os alunos trabalhadores da modalidade de EJA, tal problema ganha proporções maiores.

Esse tipo de educação desqualifica totalmente o educando, uma vez que o considera como não detentor de qualquer saber ou, quando muito, de um saber equivocado, que deve ser esquecido para dar lugar ao verdadeiro conhecimento que é transmitido pela escola. A ênfase do processo educativo é dada inteiramente ao professor, sendo o aluno um objeto a ser moldado. Como podemos perceber, não há diálogo. No máximo, o que temos em um modelo como esse é o monólogo entediante e massivo do educador.

Nos cursos para jovens e adultos, esse problema é reforçado, pois eles ainda estão muito presos às práticas dos antigos supletivos. Na modalidade supletiva, quando o trabalhador-estudante ingressava na escola, era submetido a uma série de conteúdos, que deviam ser compreendidos sem questionamento algum, e esse era o único caminho para alcançar o almejado certificado que lhes credenciariam a buscar uma melhor ocupação no mercado de trabalho. Todavia, a face mais perigosa da educação bancária muitas vezes não é sequer percebida pelos professores, embora esteja presente no dia a dia das salas de aula: a ausência de diálogo entre o professor e o aluno e a desqualificação dos diversos saberes que os educandos trazem de seu meio sociocultural. É interessante perceber como uma pedagogia que busca romper com o modelo bancário caracteriza a forma como o conhecimento é construído:

> *Os indivíduos constroem seus conhecimentos em interação com a realidade, com os demais indivíduos e colocando em uso suas capacidades pessoais. O que uma pessoa pode aprender em determinado momento depende das possibilidades delineadas pelas formas de pensamento de que dispõe naquela fase de desenvolvimento, dos conhecimentos que já construiu anteriormente e das situações de aprendizagem*

vivenciadas. É, portanto, determinante o papel da interação que o indivíduo mantém com o meio social e, particularmente, com a escola. (Brasil, 2001, p. 31)

As ideias apresentadas pelo relatório do Conselho Nacional de Educação (CNE), que apontam que a construção do conhecimento se dá por meio da interação com o meio sociocultural, têm suas raízes no pensamento de Vygotsky, que apresenta uma teoria interacionista para a construção do conhecimento.

Vygotsky, citado por Rego (1999, p. 59), indica que as características que tornam os homens humanos não são dadas, *a priori*, por mecanismos biológicos ou psicológicos, mas são formadas com base na interação do indivíduo com seu meio social e cultural. Dessa forma, as características culturais apresentam grande importância no processo de formação dos indivíduos.

Outra ideia que deriva dessa teoria é a que indica que a escola não é a única produtora de conhecimentos. Os alunos, principalmente aqueles que estão na EJA e são trabalhadores, quando chegam à escola, já apresentam uma série de conhecimentos construídos no meio em que convivem.

O saber informal, produzido pelo meio, tem tanto ou mais valor do que o saber escolar para os estudantes da educação básica, principalmente na EJA. Assim, uma vez que a ideia defendida por uma educação progressista é que os educandos busquem reconstruir o conhecimento – visando com isso quebrar a barreira do senso comum, buscando meios para questionar a realidade e transformá-la – nada melhor do que partir da própria realidade dos alunos. Vejamos a visão de Demo (1996, p. 25) sobre isso:

A reconstrução do conhecimento implica um processo complexo e sempre recorrente, que começa, naturalmente, pelo uso do senso comum. Conhecemos a partir do conhecido. Compreendemos um texto a partir do contexto. Significa, sobretudo, aceitar que ninguém é propriamente analfabeto, já que todos temos alguma identidade cultural e histórica e dominamos alguma linguagem. Isso não deve ser tomado como entulho. Ao contrário, constitui-se necessário ponto de partida e referência constante, para elaborarmos o ambiente imprescindível da relação de sujeito. O aluno pode não saber ler e escrever, mas nem por isso deixa de ser um sujeito histórico, pelo menos potencial. O que mais revela a condição de sujeito potencial é o lastro cultural em que estamos inseridos, representado pela linguagem comum e pelo senso comum. Por exemplo, as mães sabem "educar" por força da tradição acumulada historicamente, repassada através das gerações.

Portanto, faz-se necessário que a escola, de um modo geral, assuma uma postura crítica em relação às suas ações e que o trabalho desenvolvido esteja voltado para a identidade da comunidade na qual essa escola está inserida. Nesse sentido, cabe destacar o importante papel da EJA dentro do contexto social, pois esta possui um caráter democratizador e socializador dentro da sociedade.

(4.4)
A importância de um ensino voltado para a realidade

Como indica Freire (1985), a alienação é o resultado de uma ordem social injusta, que leva aos oprimidos a ideia de serem inferiores. Por que isso ocorre? Há a necessidade, por parte das elites, de desqualificar o saber popular, o saber cotidiano das camadas mais pobres da população. Em uma sociedade como a atual, na qual o saber é igual a ter, o poder está ligado a uma relação de posse de conhecimentos, isto é, aqueles que possuem o conhecimento se encontram em um nível superior da escala social. Ao resto da população cabe a obediência, uma vez que não possuem o conhecimento que lhes possibilitaria galgar posições superiores na sociedade.

As classes dominantes no Brasil sempre atuaram no sentido de impedir que as camadas populares promovessem uma leitura crítica da sociedade. Durante a segunda metade do século XX, a educação pública brasileira foi voltada apenas para a formação de mão de obra; logo, a reflexão sobre a sociedade e a atuação do povo na esfera política não era estimulada. Aos pobres bastava aprender um ofício e deixar que o comando da nação ficasse a cargo das elites, que eram preparadas para isso e que, de acordo com essa óptica, apresentavam as condições necessárias para fornecer os quadros governantes. Esse processo, que levou a um ensino mecânico, descontextualizado e acrítico, é visível desde a retirada de disciplinas como o Latim e a Filosofia dos currículos escolares, pois elas podiam ser perigosas à ordem estabelecida, uma vez que estimulavam o aluno a pensar e a questionar a realidade. O ensino de História, por exemplo, era apenas a narração de grandes eventos políticos, econômicos e militares, sendo toda ação decisiva na sociedade atribuída a grandes líderes, homens extraordinários predestinados a guiar as massas ignorantes. Não havia espaço para o povo e sua história. Nesse momento, também aparecem novas disciplinas, como Educação Moral e Cívica, que procuravam ensinar uma obediência passiva à ordem estabelecida, sem o questionamento do porquê de a realidade social ser de tal maneira e não de outra.

Remetendo-nos, novamente, a Paulo Freire, vemos que esse pensador da educação considera que alfabetizar é conscientizar, buscando a inserção do indivíduo no processo histórico como agente ativo, construtor de sua história. Por meio das bases do materialismo histórico e dialético – que coloca que os homens fazem sua própria história, porém em condições que não são por eles determinadas – Freire nos revela a necessidade de se estimular na relação de ensino e aprendizagem uma análise crítica da realidade vivida, para assim poder superá-la, promovendo uma educação conscientizadora que vise ao pensar e ao agir sobre o mundo como uma forma de libertação do ser humano de sua alienação. Levando em consideração esses pressupostos, teremos condições de desenvolver uma prática educativa libertadora e conscientizadora, que visa levar os indivíduos à transformação de uma realidade social injusta.

(4.5)
Práticas presentes no cotidiano escolar

Fazendo a leitura do cotidiano das escolas, o que percebemos é a ausência de qualquer tipo de projeto de trabalho, tanto coletivo como individual. O que caracteriza as escolas é, portanto, a fragmentação e a hierarquização dos tempos, das disciplinas e dos objetivos do trabalho educacional, sendo que esses elementos estão presentes e são muito marcantes nas turmas de EJA.

A ideia de um saber fragmentado, em que uma disciplina não apresenta relação alguma com outra, é comum nas escolas públicas de todo o Brasil. Em muitos casos, os professores que atuam com um mesmo grupo de alunos nem se conhecem. Esse também é um sintoma da má organização da estrutura escolar brasileira, como também da desvalorização dos professores, que muitas vezes são "horistas", isto é, correm de escola em escola completando suas horas de trabalho, tentando aumentar o próprio salário ao final do mês. Há a necessidade de se repensar, coletivamente, a fragmentação existente nas escolas, uma vez que isso acaba reprimindo muitas das potencialidades de nossos educandos. Como afirma Yus (2002, p. 14):

> *Nossas escolas transpiram fragmentação por todos os poros: organização (tempos/espaços) compartimentada e hierarquizada, profissionais especializados e desconectados, conhecimento fragmentado em disciplinas, unidades e lições isoladas, sem possibilidade de ver a relação dentre e entre elas, entre estas e a realidade que o aluno vive. Tudo isso prepara e educa para a fragmentação.*

A ideia da hierarquização dos saberes também traz prejuízos ao desenvolvimento do educando. Como já foi colocado, há o preconceito do saber formalizado da escola, em relação ao saber popular e cultural, trazido pelos alunos de seu meio. Junto a isso, dentro da própria escola, há o preconceito em relação a determinados tipos de saberes ali trabalhados. Esse fato fica evidente como preconceito e se expressa na própria divisão dos tempos entre as disciplinas. Disciplinas como Matemática e Língua Portuguesa, que possuem uma carga horária maior, apresentam-se aos estudantes como mais importantes, colocando em segundo plano as disciplinas das ciências humanas, dando a impressão de que elas apenas existem por uma obrigação curricular.

Enquanto não for mudado esse enfoque, continuaremos produzindo em nossas escolas cidadãos divididos, isto é, indivíduos extremamente preparados para atuar em áreas técnicas, mas com muito pouco conhecimento humano. O que se deve buscar é uma educação integral, que eduque o indivíduo para se tornar cidadão, não só no sentido de ter conhecimentos históricos ou sociológicos, mas que saiba se relacionar com outros indivíduos e que consiga participar de forma ativa e cooperativa na sociedade, procurando transformá-la. Para isso, é fundamental que o ensino seja crítico e aberto ao diálogo, não autoritário e impositivo, como são as características da educação bancária.

É nesse sentido que cabe destacar as diferenças entre o ensino regular e a EJA, pois esse público já vem à escola dividido pelo fato de ser constituído de trabalhadores que também são estudantes. Logo, é papel da escola superar essas divisões e dar ao aluno uma visão integral, ou seja, fazer com que ele compreenda a sua realidade e possa agir sobre ela. Uma educação cidadã não é aquela que apenas instrumentaliza os trabalhadores para serem empregados dóceis e úteis ao processo produtivo, mas, sim, aquela que os leva a questionar as desigualdades que estão presentes na sociedade e que os afetam diariamente na sua condição de trabalhadores.

Para isso, faz-se necessário uma mudança de postura. É fundamental que preconceitos há muito tempo instituídos nos meios escolares sejam derrubados, para que seja possível dar voz ao povo e permitir que este possa dizer a sua palavra e mostrar que seu conhecimento cultural é o ponto de partida para uma educação realmente inovadora e questionadora, pois a realidade só pode ser transformada a partir do momento em que for compreendida.

Às unidades escolares cabe a elaboração de um projeto político-pedagógico que defina seus objetivos e suas práticas educacionais, que busque romper com a fragmentação imposta pelo ensino tradicional, que apenas tem formado indivíduos compartimentados, isto é, que não relacionam os conteúdos entre e dentre eles e com a realidade. Assim, a educação deve se voltar para a realidade em que a escola está inserida, devendo ser esse o seu ponto de partida.

(.)
Ponto final

- O ensino de jovens e adultos guarda grandes diferenças com relação ao ensino regular pelo fato de que seus alunos, em geral, já estão inseridos no mercado de trabalho e frequentam as aulas principalmente no turno da noite.
- As relações que esses estudantes apresentam com o mundo do trabalho incidem diretamente no seu aproveitamento escolar.
- Tem sido comum nos últimos anos a grande migração de alunos dos cursos de ensino regular para os cursos de EJA, sendo que uma das raízes desse fato encontra-se nas condições socioeconômicas desses educandos, que muito cedo são obrigados a entrar no mundo do trabalho.
- Outra causa dessa situação está na própria escola, que, ao se defrontar com problemas de indisciplina criados por alguns estudantes, ou mesmo de repetência frequente, espera que esses chamados *alunos-problema* completem a idade mínima exigida para serem transferidos para a EJA.

- Quando isso ocorre, o que está se fazendo é desqualificar a modalidade de EJA e desvirtuar os objetivos que ela apresenta e que estão expostos na própria LDBEN/1996.
- Em nosso entender, a EJA é destinada aos alunos que, por uma razão ou outra, acabaram tendo de interromper seus estudos durante a idade normal ou aqueles que não tiveram a oportunidade de realizá-los.
- A alternativa de se usar a EJA como um "coringa" para resolver problemas como os que citamos (indisciplina e repetência) apenas reforçam o caráter excludente que, via de regra, essa modalidade de ensino já apresenta, no entender dos próprios alunos e da sociedade em geral.
- Os professores que se centram apenas na instrumentalização de noções básicas sobre o conhecimento formal ao aluno da EJA, sem debater a realidade diferenciada que o trabalhador-estudante vivencia, possibilitando a ele uma compreensão crítica de sua situação, muitas vezes apenas corroboram, tal como dissemos, para o caráter excludente que está presente nessa modalidade de ensino.
- É necessária uma mudança de postura da escola como instituição, isto é, a escola deve assumir o papel de vanguarda que teoricamente lhe é conferida e isso representa assumir, nos cursos de EJA, o caráter democratizante que essa modalidade apresenta em sua essência.
- Em uma sociedade como a atual, na qual o saber é igual a ter, o poder está ligado a uma relação de posse de conhecimento, isto é, aqueles que possuem o conhecimento se encontram em um nível superior na escala social.
- Nos cursos para jovens e adultos, esse problema é reforçado, pois eles ainda estão muito presos às práticas dos antigos supletivos, quando o trabalhador-estudante

era submetido a uma série de conteúdos, que deviam ser compreendidos sem questionamento algum, sendo esse o único caminho para o estudante alcançar o almejado certificado que o credenciaria a buscar uma melhor ocupação no mercado de trabalho.

- Já que a educação progressista diz que os educandos devem buscar reconstruir o conhecimento – visando com isso quebrar a barreira do senso comum, buscando meios para questionar a realidade e transformá-la –, nada melhor do que partir da própria realidade dos educandos.
- Alfabetizar é conscientizar, buscando a inserção do indivíduo no processo histórico como agente ativo, construtor de sua história.
- Levando em consideração esses pressupostos, teremos condições de desenvolver uma prática educativa libertadora e conscientizadora, que visa levar os indivíduos à transformação de uma realidade social injusta.
- Há a necessidade de se repensar, coletivamente, a fragmentação existente nas escolas, uma vez que isso acaba reprimindo muitas das potencialidades de nossos educandos. Enquanto não for mudado esse enfoque, continuaremos produzindo em nossas escolas cidadãos divididos, isto é, indivíduos extremamente preparados para atuar em áreas técnicas, mas com pouco conhecimento humano.
- O que se deve buscar é uma educação integral, que eduque o indivíduo para se tornar cidadão, não só no sentido de ter conhecimentos históricos ou sociológicos, mas que saiba se relacionar com outros indivíduos e que consiga participar de forma ativa e cooperativa na sociedade, procurando transformá-la. Para isso, é fundamental que o ensino seja crítico e aberto ao diálogo

e não autoritário e impositivo, como são as características da educação bancária.

- É nesse sentido que cabe destacar as diferenças entre o ensino regular e a EJA, pois esse público já vem à escola dividido pelo fato de ser trabalhador e também estudante. É papel da escola superar essas divisões e fazer com que ele compreenda a sua realidade e possa agir sobre ela.

- É fundamental que preconceitos há muito tempo instituídos nos meios escolares sejam derrubados, mostrando que os conhecimentos culturais são o ponto de partida para uma educação realmente inovadora e questionadora, pois a realidade só pode ser transformada a partir do momento em que for compreendida.

Atividades

1. Entre os problemas que afetam a EJA e que são gerados pela própria forma de organização e gestão da escola, podemos citar:
   a. o inchaço da EJA com alunos que apresentam mau comportamento ou repetência constante no ensino regular.
   b. o descompasso entre os conteúdos que são desenvolvidos a cada etapa e a capacidade dos alunos em assimilar estes conteúdos.
   c. o excessivo número de alunos por turma.
   d. o fato de a EJA ser dividida em semestres, sendo que cada semestre corresponde a um ano letivo do ensino regular.

2. Podemos dizer que um dos fundamentos que norteiam a existência da modalidade de ensino de EJA é:
   a. a instrumentalização das camadas populares da sociedade para sua inserção no mundo do trabalho.
   b. a democratização do acesso à educação, buscando possibilitar a escolarização daqueles que por razões circunstanciais tiveram que abandonar a escola ou que não tiveram acesso a ela.
   c. o interesse das empresas em terem trabalhadores com uma formação mínima para desenvolverem atividades industriais.
   d. Todas as alternativas estão corretas.

3. Na modalidade de ensino da EJA, é fundamental que os conteúdos sejam trabalhados:
   a. em conexão com a realidade dos alunos, os quais, normalmente, já estão inseridos no mundo do trabalho.
   b. de forma exaustiva, até que o aluno tenha assimilado completamente os conteúdos que são transmitidos pelos professores.
   c. de acordo com os programas estabelecidos pelos livros didáticos, pois eles são formulados por especialistas que entendem melhor as características dos alunos da EJA do que os professores que trabalham diretamente em sala de aula.
   d. Nenhuma das alternativas está correta.

(5)

Perfil do aluno dos cursos noturnos e da EJA

Leandro Jesus Basegio
Renato da Luz Medeiros

As escolas públicas de todo o país contam com milhares de alunos. No Brasil, país de dimensões continentais, os números de estudantes e professores sempre impressionam, principalmente quando esses números estão relacionados ao desempenho da educação brasileira, de uma forma geral. Caso levássemos ao extremo a análise dos dados da educação brasileira, poderíamos concluir que ela sofre de um fracasso estrutural, ou seja, a forma como está organizado o sistema de ensino no país não tem representado uma melhoria nas condições da educação da população.

Apesar do avanço verificado na última década, esse sistema ainda constitui-se em um funil, em que milhares de crianças são matriculadas anualmente, mas que apenas alguns poucos, se comparados com o tamanho da população, conseguem completar seus estudos em nível básico (ensinos fundamental e médio). Esse funil estreita-se mais ainda se pensarmos no número de brasileiros que concluem o ensino superior.

Acreditamos que boa parcela das causas do fracasso escolar de grande parte de nossos estudantes, principalmente aqueles que voltam a frequentar a escola depois de anos de afastamento, reside no fato de eles terem uma educação descontextualizada e sem significado algum dentro da realidade que vivenciam diariamente.

Buscando entender esses problemas, tentaremos neste capítulo traçar algumas das principais características que formam o perfil dos estudantes dos cursos de EJA, bem como indicar os principais problemas que em nosso entender influenciam para que essa modalidade de ensino não apresente a resposta esperada por todos aqueles que se preocupam com a EJA.

(5.1)
O problema da homogeneização dos estudantes

Conforme Dayrell (1996, p. 139),

> *Quem são esses jovens? O que vão buscar na escola? O que significa para eles a instituição escolar? Qual o significado das experiências vivenciadas nesse espaço?*

Para grande parte dos professores, perguntas como essas não fazem muito sentido, pois a resposta é óbvia: são alunos. E é essa categoria que vai informar seu olhar e as relações que mantém com os jovens, a compreensão das suas atitudes e expectativas. Assim, independente do sexo, da idade, da origem social, das experiências vivenciadas, todos são considerados igualmente alunos, procuram a escola com as mesmas expectativas e necessidades. Para esses professores, a instituição escolar deveria buscar atender a todos da mesma forma, com a mesma organização do trabalho escolar, mesma grade e currículo. A homogeneização dos sujeitos como alunos corresponde à homogeneização da instituição escolar, compreendida como universal.

A citação demonstra bem como o sistema público de ensino define seus usuários. A homogeneização dos estudantes é talvez um dos maiores problemas encontrados pelos alunos de cursos noturnos e, principalmente, por aqueles que frequentam as aulas na modalidade de EJA. Na grande maioria das vezes, esses estudantes possuem uma condição diferente daquela apresentada pelos alunos do diurno, pois são, em geral, trabalhadores e, em grande parte, já possuem um histórico de fracasso ou abandono escolar. A amplitude da faixa etária dos educandos que compõem as turmas de EJA demonstra outra especificidade, pois, em decorrência disso, vemos que muitos possuem famílias, no sentido de terem cônjuges e filhos.

Dessa forma, podemos perceber o quanto a homogeneização promovida pelas escolas pode ser prejudicial a um público que possui características específicas e que procura as aulas com necessidades, em parte, diferentes das apresentadas pelos alunos do diurno ou que estão matriculados no sistema de ensino regular. Aqui temos um problema que se apresenta: os professores que lidam com os estudantes de cursos de EJA parecem ter consciência da especificidade de seu público, mas, no entanto, a prática desses educadores nem sempre vem acompanhada de uma adequação às características de seus alunos, como podemos perceber por nossa prática e pelo contato com colegas que também atuam em turmas de EJA.

Observamos que os professores, de um modo geral, falham na prática docente diária, não por falta de conhecimento a respeito das características do público com que trabalham, mas principalmente por não conseguirem manter os educandos frequentando as aulas e tornar significativos os conteúdos ministrados na EJA, de acordo com a realidade desses estudantes.

É importante destacar o fato de serem os alunos dos cursos noturnos e de EJA, em sua maioria, trabalhadores, pois tal característica faz com que eles visualizem na escola e na escolarização a possibilidade de encontrarem uma melhor colocação no mercado de trabalho. Assim, se tivermos sobre esse ponto uma especial consideração, perceberemos que eles são estudantes que apresentam uma expectativa imediatista a respeito dos proveitos obtidos com sua escolarização (Rodrigues, 1995, p. 68).

(5.2)

O trabalhador-estudante e as suas características

Baseando-nos ainda nas ideias de Rodrigues (1995, p. 66), vemos que esse autor nos mostra a existência de uma estratégia de valorização do capital que afeta diretamente o público dos cursos noturnos e da EJA, uma vez que esse público é composto por indivíduos que muito cedo tiveram de se incorporar ao processo produtivo, o que, por sua vez, alivia o arrocho salarial imposto às famílias trabalhadoras e garante uma oferta abundante e barata de mão de obra para as empresas.

Assim, Rodrigues (1995, p. 68) ressalta que o trabalhador-estudante, que normalmente é aluno dos cursos noturnos, traz consigo uma cisão que não afeta os estudantes do ensino diurno, isto é, ele é submetido diariamente a dois tipos de socialização que, de acordo com Rodrigues, são muito mais educativos que os próprios conteúdos desenvolvidos pela escola, uma vez que definem para o educando sua posição dentro do espectro social e produtivo.

Com base nas análises realizadas por Rodrigues (1995), vemos que a primeira forma de socialização vivenciada pelo trabalhador-estudante é aquela do mundo do trabalho, que necessariamente exerce influência em sua vida de estudante. Em seu emprego, esse trabalhador-estudante executa tarefas e adquire um aprendizado que extrapola aquele que corresponde, meramente, ao de suas funções profissionais, fazendo parte desse aprendizado os seguintes aspectos:

a. respeito à hierarquia;
b. estratégias para se conservar no emprego;
c. atitudes que agradem seu empregador.

Em outras palavras, exige-se que esse aluno seja um bom trabalhador. A segunda socialização a que o trabalhador-estudante é submetido é aquela da escola, na qual se exige desse indivíduo habilidades, tais como calcular, planejar, refletir etc. (Rodrigues, 1995, p. 67).

O que se capta a partir dessa reflexão é a existência de um abismo entre a realidade desse estudante e as atividades de ensino desenvolvidas pela escola noturna e na EJA, em que o grande número de disciplinas que são ministradas, assim como os seus conteúdos, não conseguem apresentar significado algum para esse educando que, como já foi dito, chega à escola com uma expectativa imediatista de melhoria de sua condição empregatícia e financeira (Rodrigues, 1995, p. 68).

Essa característica dos cursos noturnos e da EJA, assim como o problema que apresentam de falta de significação nos conteúdos, decorre da homogeneização promovida pelas escolas e pelo sistema de ensino que, em geral, atende ao trabalhador-estudante da mesma forma que atende aos alunos de outros turnos e da modalidade de ensino regular. Sem dúvida, nesse ponto, podemos encontrar uma das raízes da evasão escolar no curso noturno e na EJA e da série de problemas que afetam esses trabalhadores-estudantes, os quais, grande parte das vezes, voltam a abandonar a escola por não perceberem nela a capacidade de atender a suas expectativas. Esses mesmos alunos, quando conseguem enfim concluir seus cursos, fazem-no a duras penas e, o que é mais significativo, não os concluem por causa da maneira como o ensino nessas modalidades é gerido, mas, sim, ao contrário disso.

Cabe destacar que muitos alunos da EJA, quando questionados por qual razão abandonaram a escola no tempo regular, respondem que foi devido à dificuldade de aprendizagem. Essa explicação é uma construção retórica da própria escola, que forjou essa ideia nos alunos. Dito de outra forma, a própria escola os exclui, por suas falas e seus conceitos preestabelecidos sobre os alunos que encontram situações desfavoráveis e que muitas vezes são tratados como problema no meio escolar.

Pois bem, a alegada dificuldade de aprendizagem, colocada por esses estudantes, remete-nos à ideia das diferentes socializações, isto é, a forma como a escola desenvolve seus conteúdos não apresenta significado algum para esses trabalhadores-estudantes. Dessa forma, vemos que se cria uma barreira entre a teoria e a prática, ou seja, os alunos não conseguem identificar qual a importância dos conteúdos que estão estudando na escola e a sua relação com o cotidiano. Em outras palavras, não há conexão entre a teoria e a prática das escolas com a realidade desse estudante, que está diretamente determinada por suas relações com o mundo do trabalho no qual está inserido. O caminho natural, quando aparecem as primeiras dificuldades de aprendizagem, é o abandono dos estudos, pois estes acabam não lhe fornecendo nem motivação nem atrativos para mantê-lo frequentando as aulas.

Cabe salientar que não estamos indicando que os conteúdos a serem ministrados pela escola noturna e de EJA devam ser somente aqueles que apresentam uma relação direta com o mundo do trabalho, vivenciado por esses alunos. Todavia, é importante que a escola torne seus conteúdos significativos, criando nesses educandos o desejo de conhecê-los de forma mais aprofundada, o que isso só será possível por meio da problematização da realidade desses indivíduos, ou seja, a partir das vivências daqueles que estão envolvidos no processo de aprendizagem, como indica Hengemühle (2004, p. 60):

> *Isso vem ao encontro da natureza do ser humano. Conforme Morin, esse humano "é a um só tempo físico, biológico, psíquico, cultural, social e histórico". Pressupõe uma educação que consiga dar sentido, em sua teoria e prática, a essas dimensões, mediante sua ligação com o contexto do aluno, à cultura que o aluno traz para a sala de aula.*

A necessidade de se ressignificar os conteúdos pela problematização da realidade dos alunos nos parece uma questão fundamental no combate à evasão escolar e na esperada mudança de paradigma dentro do campo da educação. Em outras palavras, enquanto não superarmos os limites impostos pela educação tradicional, a qual tem como base a transmissão de conhecimentos de forma acrítica e descontextualizada – a educação bancária da qual nos fala Paulo Freire (1985) –, será comum em todo o país que as escolas noturnas e da EJA continuem formando poucos estudantes, se comparado com o imenso número de matrículas que são efetuadas a cada início de semestre. Porém, por ora, deixaremos esse tema de lado, visto que ele será debatido mais amplamente nos capítulos a seguir.

Retomando nosso foco, que era a definição do perfil do educando dos cursos noturnos, destacamos os seguintes aspectos:

a. este aluno é, em geral, trabalhador;
b. muitos apresentam uma idade avançada em relação à série que estão cursando;
c. boa parte deles possui família;
d. muitos apresentam um histórico de fracasso ou de evasão escolar;

e. são indivíduos que apresentam expectativas imediatistas em relação à escola, isto é, percebem a escolarização como uma forma de ampliarem seus ganhos ou alcançarem melhores posições dentro do mercado de trabalho.

Assim, é fundamental que as escolas, e principalmente as escolas que comportam cursos noturnos e da EJA, conheçam a realidade de seus alunos e que possam, com base nesse conhecimento, trabalhar seus conteúdos de uma maneira significativa, procurando despertar nesses estudantes o desejo de desenvolver seu conhecimento sobre os conteúdos escolares.

No sentido que atribuímos à educação, consideramos impossível que a escola continue fechando os olhos para as contradições existentes na sociedade. Dizemos isso porque o educando dos cursos de EJA, via de regra, é um sujeito que já está inserido na estrutura social produtiva, portanto, como foi referido anteriormente, é afetado diretamente, embora não explicitamente, pelas estratégias de valorização do capital e de controle social implementadas pelas classes dominantes. Logo, se queremos que esse aluno desenvolva seus conhecimentos dando sentido àquilo que está aprendendo, é importante que os aspectos ligados à sua realidade – que é a realidade do mundo do trabalho e do conflito existente entre as classes sociais – sejam trazidos de forma crítica para dentro da sala de aula, pois, de modo contrário, continuaremos colaborando com a reprodução social e com a cristalização da posição submissa desses educandos dentro do espectro social. É o que nos fala Santomé (1998, p. 27), comentando as diversas abordagens teórico-metodológicas a respeito da educação de adultos:

> A educação é considerada um fenômeno social que desempenha um papel importante no crescimento capitalista, muito frequentemente regulando os fluxos de mão de obra. Esta mão de obra, como resultado de processos educacionais formais e sistemáticos, torna-se mais qualificada (destreza, habilidades, conhecimento), bem como é socializada em certas normas e valores que, em muitos casos, contribuem para reforçar o controle social e a hegemonia vigorantes, ainda que em outros casos se torne fonte de contradição e de conflito.

Portanto, uma vez que o educador tenha consciência do perfil dos educandos com os quais trabalha nos cursos da EJA, é fundamental que ele busque problematizar a realidade desses alunos, pois apenas com base nisso que os conteúdos desenvolvidos na escola ganharão sentido na vida desses estudantes e lhes servirão como combustível para promoverem uma mudança não só na sua própria condição, de sujeito oprimido, mas também na própria estrutura das relações sociais.

(.)

Ponto final

- A homogeneização dos estudantes é talvez um dos maiores problemas encontrados pelos alunos de cursos noturnos e, principalmente, aqueles que frequentam as aulas na modalidade da EJA.
- Esses alunos, na grande maioria das vezes, possuem uma condição diferente daquela apresentada pelos estudantes do curso diurno, pois são, em geral,

trabalhadores e, em grande parte, já possuem um histórico de fracasso ou abandono escolar.

- É importante destacarmos o fato de serem os educandos dos cursos noturnos e da EJA, em sua maioria, trabalhadores, pois tal característica faz com que eles visualizem na escola e na escolarização a possibilidade de encontrarem uma melhor colocação no mercado de trabalho.
- Existe uma estratégia de valorização do capital que afeta diretamente o público dos cursos noturnos e da EJA, uma vez que este é composto por indivíduos que muito cedo tiveram que se incorporar ao processo produtivo.
- O conceito de trabalhador-estudante se refere aos discentes do ensino público noturno e da EJA, pois acreditamos que esse conceito consegue dar conta de uma série de características fundamentais que definem o perfil desses estudantes e se apresenta como uma boa ferramenta de análise para compreendermos esta realidade.
- Consideramos como principais características desses educandos as seguintes:
  a. esse aluno é em geral trabalhador;
  b. muitos apresentam uma idade avançada em relação à série que estão cursando;
  c. boa parte deles possui família;
  d. muitos apresentam um histórico de fracasso ou de evasão escolar;
  e. são indivíduos que apresentam uma expectativa imediatista em relação à escola, isto é, percebem a escolarização como uma forma de ampliarem seus ganhos ou alcançarem melhores posições dentro do mercado de trabalho.

- Esse estudante é submetido diariamente a dois tipos de socialização, as quais são muito mais educativas do que os próprios conteúdos desenvolvidos pela escola, uma vez que definem para o aluno sua posição dentro do espectro social e produtivo (posição submissa).
- Há uma homogeneização promovida pelas escolas e pelo sistema de ensino que, em geral, atende ao trabalhador-estudante da mesma maneira que atende aos alunos de outros turnos e da modalidade de ensino regular.
- Essa homogeneização dos estudantes gera graves problemas, pois torna os conteúdos desenvolvidos na escola sem significado para esses alunos.
- É importante que a escola torne seus conteúdos significativos, criando nos educandos o desejo de conhecê-los de forma mais aprofundada.
- Isso, porém, só será possível pela problematização da realidade dos alunos, ou seja, a partir das vivências daqueles que estão envolvidos no processo de aprendizagem.
- É fundamental que os professores conheçam a realidade de seus estudantes e que possam, com base nesse conhecimento, trabalhar seus conteúdos de uma maneira significativa, procurando despertar nesses alunos o desejo de desenvolver seu conhecimento sobre os conteúdos escolares.
- Isso seria um primeiro passo no combate à evasão escolar na EJA e no ensino noturno, uma vez que detectamos que um bom percentual desses educandos se evade porque se consideram com dificuldades de aprendizagem.
- Consideramos que a principal dificuldade para que alguém aprenda algo é a falta de significados que tal aprendizado possa apresentar na sua vida.

- Enquanto não superarmos os limites impostos pela educação tradicional, a qual tem como base a transmissão de conhecimentos de forma acrítica e descontextualizada, logo, sem significado para o estudante, e enquanto perdurar essa realidade, será comum em todo o país que as escolas noturnas e da EJA continuem formando poucos alunos e contem com um grande contingente de evadidos.

Atividades

1. No que se refere ao perfil dos alunos da EJA, é correto afirmar que:
   a. são em sua maioria alunos que fracassaram no ensino regular e por isso procuraram a EJA, pois nessa modalidade de ensino os conteúdos são menos exigidos, o que facilita a aprovação desses estudantes.
   b. são em geral alunos que já estão inseridos no mercado de trabalho, possuem família e apresentam uma expectativa imediatista em relação aos benefícios que a escolarização pode lhes proporcionar no que se refere a uma melhor posição dentro do mercado de trabalho.
   c. normalmente os alunos que frequentam a EJA são aqueles que apresentaram problemas de disciplina ou de reprovação constante no ensino regular.
   d. Nenhuma das alternativas está correta.

2. A necessidade de se pensar em um ensino diferenciado para os alunos que frequentam a modalidade de EJA decorre de que:
   a. esses alunos apresentam dificuldades cognitivas e, por isso, necessitam de uma atenção especial.

b. esses são alunos que, em sua maioria, já estão inseridos no mercado de trabalho e possuem, com relação à escola, um histórico de abandono ou fracasso escolar.
c. os cursos da EJA são voltados para a implementação de um ensino instrumental, que visa desenvolver nesses alunos habilidades que os tornem bons empregados.
d. a organização curricular e os conteúdos a serem desenvolvidos devem atender às necessidades de qualificação de mão de obra que apresentam as empresas que estão próximas às escolas.

3. Um dos maiores problemas que podem ser encontrados nas escolas que apresentam a modalidade de ensino de EJA pode ser verificado no seguinte fato:
   a. Há graves problemas de disciplina, pois os alunos que frequentam os cursos noturnos são aqueles que, no ensino regular, foram considerados alunos-problema.
   b. Os estudantes da EJA têm dificuldades de aprendizagem porque vêm para a aula cansados após uma longa jornada de trabalho.
   c. A homogeneização dos educandos, ou seja, o fato de os professores e a escola considerarem que os alunos que frequentam a EJA possuem as mesmas necessidades e apresentam as mesmas questões que os alunos que cursam a modalidade de ensino regular.
   d. As escolas não oferecem um ensino voltado para as necessidades do mundo do trabalho, como instrumentalização para o desempenho de funções técnicas, e ficam muito presas à problematização da realidade desse aluno.

(6)

A evasão escolar e a EJA

Leandro Jesus Basegio
Renato da Luz Medeiros

A evasão escolar, certamente, é um dos mais graves problemas enfrentados no sistema educacional brasileiro. As políticas educacionais fracassam sobre esse e tantos outros aspectos no que diz respeito à educação. Entretanto, a evasão escolar acaba culminando em outros problemas sociais e, talvez, por isso seja o mais preocupante atualmente. O sistema educacional, ao não conseguir evitar que os jovens e os adultos, principalmente do ensino noturno, permaneçam na escola, faz com que os governos se encontrem às voltas com inúmeros problemas de ordem social que consomem infindáveis recursos do orçamento público.

Devemos destacar que a evasão escolar não é apenas um problema de caráter educacional, mas também de ordem social, pois o que leva a maioria de nossos estudantes a abandonarem a escola são as péssimas condições socioeconômicas em que vivem. A necessidade de trabalhar, como forma de ajudar nas despesas familiares, ou mesmo o fato de serem os principais sustentáculos econômicos de suas famílias, leva todos os dias centenas de alunos a trocarem as salas de aula pelo trabalho, seja ele formal, seja informal, em todas as grandes cidades brasileiras. Esse fator social faz com que esses educandos que se evadiram da escola fiquem sujeitos a inúmeras formas de exploração e abuso, o que, muitas vezes, os levam a se drogarem, como maneira de amenizar as suas tristes condições culturais, sociais e financeiras.

No meio rural, a situação não é diferente. É comum, em épocas de maior atividade nas lavouras, que muitas crianças, jovens e adultos deixem de frequentar as aulas para se dedicarem ao trabalho. Os casos de pequenos trabalhadores rurais que obram em funções de extremo risco e insalubridade – como em minas e na fabricação de carvão – são diariamente divulgados pelos meios de comunicação, demonstrando o lamentável quadro das condições de vida de nossa população e, em especial, da juventude brasileira.

Os programas sociais desenvolvidos pelos governos, que visam amenizar esses problemas, não têm obtido grandes resultados, embora representem um primeiro passo no combate a essas mazelas. Contudo, faz-se necessária uma ação mais efetiva, em várias frentes, mas fundamentalmente com uma melhor distribuição de renda e com uma real fiscalização sobre o trabalho e a exploração infanto-juvenil. Essas medidas são fundamentais, uma vez que as maiores vítimas dos processos de exploração citados, em geral, não possuem meios ou consciência para denunciarem essa triste condição a que são submetidas.

(6.1)
As principais ideias que procuram explicar o problema da evasão

As preocupações com o tema referente à evasão escolar nos níveis fundamental e médio não são uma novidade no Brasil. Embora haja pouco material bibliográfico a respeito, de acordo com o levantamento que fizemos, a maior parte das pesquisas sobre evasão escolar demonstra que os índices sempre foram extremamente elevados e, atualmente, isso se salienta ainda mais no ensino noturno destinado à EJA.

Segundo Brandão, Baeta e Rocha (1983, p. 9),

O que mais impressiona não é só a taxa de crianças em idade escolar fora das escolas. Para oito milhões de crianças nessas condições, não foi surpresa saber que pouco mais de dois milhões estão arroladas nas escolas. Mas a frequência não chega a 70%. E sobre frequência assim reduzida, a deserção escolar é sintoma impressionante. Mesmo para o ensino fundamental comum, a taxa dos alunos que chegam a concluir o curso não atinge 6%! O rendimento efetivo real do ensino primário no Brasil é, pois, dos mais pobres de todo o mundo, à vista dessa deserção.

Esses números já seriam alarmantes por si só. Todavia, o problema se faz ainda mais grave, uma vez que ele não se resolveu e ainda teve sua situação piorada com sua extensão para outros níveis de escolaridade, como o nível médio, que, na década de 1930, era praticamente todo de responsabilidade do setor privado, resumindo-se, então, ao sistema público, o ciclo básico (séries iniciais) e o ginasial (séries finais). Assim, com a ampliação da rede pública de nível médio, a partir das décadas de 1960 e 1970, principalmente em decorrência do avanço da economia brasileira impulsionada pelo chamado *milagre econômico* (1968-1973), verificou-se a extensão do problema também para esse nível (Rodrigues, 1995, p. 60).

Atualmente, vemos que a maior parte das escolas públicas que oferece cursos noturnos sofre com esse problema de maneira drástica. Em nossa experiência profissional, temos vivenciado casos absurdos, como os de turmas que contam entre 35 e 40 alunos nas suas listas de chamada, mas que apenas 8 ou 10 frequentam as aulas.

É difícil obter respostas a respeito da evasão escolar. Todavia, são possíveis algumas deduções a respeito do problema que a gera. Antes de tudo, porém, faz-se necessário visualizarmos as causas mais comuns que levam nossos estudantes ao processo de evasão e como ele se originou no Brasil.

> *Qual a razão desse problema? Por que a evasão escolar afeta de maneira dramática o sistema público de ensino noturno? Quais as alternativas viáveis para se combater este mal?*

A palavra EVASÃO, que vem do latim *evasione*, como aponta Rodrigues (1995, p. 64), significa o abandono de um determinado lugar onde se deveria permanecer. Todavia, para a pesquisa educacional, como aponta esse autor, evasão é "afastamento dos alunos do sistema de ensino, por abandono do estabelecimento no qual eram frequentes, sem solicitar a transferência" (Rodrigues, 1995, p. 64).

| *Pois bem, o que leva os alunos a abandonarem a escola?*

De acordo com um levantamento realizado pelas pesquisadoras Brandão, Baeta e Rocha (1983, p. 11), que analisaram as pesquisas nacionais e internacionais sobre evasão e repetência escolar e suas causas, alguns pontos se destacam, como dificuldades psicopedagógicas que os alunos de famílias de baixa renda apresentam ou características estruturais da sociedade que joga os estudantes para fora do ambiente escolar. Apenas tardiamente, como indicam as autoras, passaram a ser considerados os aspectos internos da escola como catalisadores do problema da evasão.

As ideias que apontam, como condicionante, a incapacidade dos alunos das classes populares de aprenderem são antigas em nosso país e demonstram a forma preconceituosa como as elites e as políticas governamentais agem e tratam esse tema que afeta diretamente a população mais pobre. As ideias de caráter apriorista, conforme aponta Becker (1996, p. 73), corroboram as teses que definem o aluno das classes populares como incapaz de aprender.

É também comum a tese de que os estudantes de escolas da periferia e, principalmente, do ensino noturno não aprendem porque possuem graves problemas nutricionais e/ou incapacidade intelectual. Isso contribui de maneira decisiva para o fracasso no processo de aprendizagem. Essa ideia, embora encontre grande aceitação, é negada por Brandão, Baeta e Rocha (1983, p. 11), que apontam que se esse fosse um fator decisivo, bastaria apenas resolver os problemas alimentares e todos os demais estariam resolvidos. Indicam ainda as autoras que tal argumentação funciona como um álibi para o sistema educacional, que se exime das causas de uma das suas maiores mazelas, incorporando assim uma visão de fatalismo social.

Voltando-nos para as questões mais relativas ao ensino noturno e, principalmente, à EJA, observamos que um dos pontos mais citados como causa de evasão é o fato de o aluno ser trabalhador. Logo, é isso que o leva a abandonar a escola. É importante lembrar que o fato de trabalhar tem grandes implicâncias no rendimento escolar dos estudantes do ensino noturno. Entretanto, em nenhum momento os autores analisados apontam esse fato como determinante para o abandono escolar, como diz Rodrigues (1994, p. 124): "Com efeito, o fato de estar ou não trabalhando interfere decisivamente no rendimento escolar do aluno, mas o trabalhador-estudante não está condenado a um baixo rendimento escolar pelo fato de estar trabalhando".

A ideia do trabalho como um empecilho para a continuidade dos estudos parece tão enraizada dentro das escolas que a maior parte dos alunos e docentes alega que essa é principal razão para que muitos estudantes abandonem as aulas. Cabe destacar que o trabalho é certamente responsável por muitos educandos abandonarem a escola, contudo não é a única causa, tampouco é a principal. Esse fator é um somatório de outras circunstâncias que se configuram na evasão escolar. Por experiência própria, sabemos das dificuldades de se estudar e trabalhar paralelamente. Porém, também por experiência própria, não podemos admitir tal ideia como sendo a causa principal para a grande evasão escolar que tem afetado o sistema público de ensino.

(6.2)

A evasão e os fatores internos da escola

Diante do que foi exposto, levantamos aqui duas questões: Não seriam os fatores internos da escola passíveis de serem modificados? Quais os principais pontos onde deveriam se deter as políticas que visam estancar o problema da evasão escolar? É necessário que as escolas e o sistema público de ensino compreendam quem são seus alunos, quais as suas expectativas e os seus desejos e o que os mantêm frequentando a escola ou o que os afasta dela. Como diz Hengemühle (2004, p. 35):

> *Quem é esse ser humano para o qual preparamos aulas? Como esse ser humano aprende? A partir do que ele se motiva? Essas reflexões parecem estar ausentes. Sem ter isso presente em nosso cotidiano, como podemos pensar em ter sucesso em nosso fazer pedagógico?*

No caso específico das escolas noturnas e da EJA, como já comentamos, os alunos possuem uma característica especial. Por estarem envolvidos com as questões relativas ao mercado de trabalho, possuem expectativas e motivações diferentes das dos estudantes do ensino diurno. São educandos que apresentam, como já foi dito, expectativas imediatistas acerca dos resultados que possam obter com a escola e com sua escolarização. Assim sendo, uma vez que, ao perceberem que a escola não lhes oferece nada, a não ser uma série de conhecimentos vazios e massivos, que se mostram incapazes de oferecer respostas às suas necessidades, esses estudantes a abandonam. Acabam indo em busca de alternativas práticas que possam lhes proporcionar melhores ganhos financeiros e lhes possibilitem galgar níveis superiores dentro da hierarquia social.

Nesse sentido, cabe à escola refletir sobre ela mesma. Avaliar seus métodos e suas práticas, bem como seus objetivos e conteúdos, visando torná-los significativos, capazes de oferecer aos estudantes, ou trabalhadores-estudantes, como é o caso da maioria dos alunos do noturno, alternativas para que atuem como seres conscientes e capazes de modificarem seu próprio futuro e o da sociedade, de um modo geral.

Como já assinalamos, é bastante comum a ideia de que o fato de os educandos trabalharem seja o principal motivo do alto índice da evasão escolar. Essa ideia, porém, é um equívoco, como já dissemos, pois o trabalho não pode ser considerado como um empecilho para o bom desenvolvimento dos estudos. Todavia, talvez seja um fator significativo.

O que se observa, muitas vezes, é o anacronismo apresentado pelos currículos escolares em relação ao público a que se destinam. São listas de conteúdos que, em grande parte, não denotam relação alguma com o meio em que vivem os estudantes e com a realidade destes. Obviamente, esses conteúdos se tornam desinteressantes e, o que é pior, sem sentido, o que leva os alunos a apresentarem dificuldades quanto à assimilação e à compreensão.

Sabemos que todos os estudantes, quando entram na escola, já possuem uma série de conhecimentos que trazem consigo de seu meio social e cultural. São conhecimentos informais, dados pela cultura e pela interação social, como aponta Vygotsky, segundo Rego (1999, p. 76-77). São esses conhecimentos que devem servir como base para a elaboração dos programas escolares, isto é, deve-se partir daquilo que é conhecido do aluno, que apresenta um caráter significativo para ele, pois só com base nesses conteúdos é possível que ele desenvolva seus conhecimentos escolares. O estudante buscará formular conceitos mais elaborados acerca de seu meio, tendo por base teorias que lhe sirvam como uma lente para a leitura da realidade.

Não há construção de conhecimento nem interesse em se construir esse conhecimento quando um dos atores envolvidos no processo de ensino-aprendizagem, no caso, o aluno, vê-se completamente apartado daquilo que está procurando aprender. Logo, a desmotivação em aprender conteúdos que não lhes apresentam significado nem, aparentemente, relação com o seu cotidiano configura-se como incompreensível e sem sentido, o que os leva a desistirem de prosseguir com os estudos. Como indica Hengemühle (2004, p. 37-38):

> *Com Vygotsky, Ausubel, entre outros teóricos, aprendemos que o conhecimento só é significativo quando está na zona de desenvolvimento proximal das crianças, ou quando a nova aprendizagem parte da cultura, dos conhecimentos prévios dos alunos e, a partir desses, os novos conhecimentos são construídos. Ou seja, o novo conhecimento (conteúdo) necessita de uma ancoragem em conhecimentos anteriores e precisa despertar a motivação da criança, do jovem, e, por que não dizer, de todos nós adultos.*

Diante dessas observações, percebemos que se faz necessária a mudança na postura dos professores, buscando uma reavaliação de suas práticas como forma de se combater a evasão escolar, ao menos em um primeiro momento, uma vez que, como já assinalamos, o problema da evasão escolar tem raízes mais profundas, que se encontram fixadas na terrível desigualdade social que afeta nosso país. Contudo, cabe às escolas darem um primeiro passo, buscando agir nos pontos nevrálgicos ao seu alcance e, entre eles, destacam-se a reorganização de seus conteúdos e uma mudança de atitude nas práticas de sala de aula.

O paradigma moderno que tem servido tradicionalmente como base para toda organização educacional está esgotado e já não oferece respostas satisfatórias no que se refere às grandes transformações sociais, econômicas e culturais das últimas décadas. Como já afirmamos, não estamos sugerindo que as escolas apenas trabalhem conteúdos voltados diretamente para o mundo do trabalho. O que propomos é uma reavaliação dos conteúdos e de seus significados, como uma forma de motivar o aprendizado dos alunos. Os professores devem buscar métodos que coloquem para os estudantes o desafio de aprender, de buscar o conhecimento. Conforme indica Hengemühle (2004, p. 62, grifo nosso):

> *Exercitar o aluno na reflexão de problemáticas da realidade, trabalhar conteúdos (fórmulas, textos...) que possam ajudá--los a compreender os fenômenos do contexto, ou a resolver situações-problema e a (re)construir o meio, parece-nos uma questão muito pertinente para assentar as bases da educação contemporânea. Vejamos como diz Morin:* "A educação deve favorecer a aptidão natural da mente em formular e resolver problemas *essenciais e de forma correlata, estimular o uso total da inteligência geral".*

É também de suma importância que os professores investiguem a origem e o significado dos conteúdos, identifiquem em que contextos eles surgiram e em quais circunstâncias da realidade se enquadram, como ainda nos aponta o mesmo autor (Hengemühle, 2004, p. 61):

> *O mesmo ocorre em sala de aula, quando o aluno é obrigado a "aprender" coisas das quais, muitas vezes, nem sequer o*

próprio professor teve a preocupação de buscar a origem, a história, o sentido. Por outro lado, quando o ser humano conhece o sentido da situação que vai empreender, ou está diante de um problema significativo a resolver, é natural que esta situação o instigue. O impulsione na busca de soluções. O motive. Esse é um pensamento contemporâneo, no qual identificamos um rico referencial para que a escola e as práticas pedagógicas voltem a ter sentido e razão de ser.

Essas ideias encontram um profundo significado diante de um quadro tão dramático como o que hoje se apresenta com a evasão escolar. Percebemos que, enquanto a escola não recuperar seu papel como instituição capaz de construir conhecimento, e não apenas de repassar conhecimentos, as estatísticas referentes à repetência e à evasão escolar não irão se alterar. Por fim, cabe à escola dar esse primeiro passo. Todavia, é necessário para isso construir um plano coletivo de trabalho, buscando envolver todos os agentes da escola em um mesmo processo, cujo fim é a construção de conhecimento e a formação de indivíduos capazes de agir de forma competente na comunidade, no seu trabalho e na sociedade.

(.)

Ponto final

- A evasão escolar é um fato e acaba culminando em outros problemas sociais. Talvez por isso seja o mais preocupante atualmente dentro das políticas destinadas à educação.

- A evasão escolar não é apenas um problema de caráter educacional, mas também de ordem social, pois o que leva a maioria de nossos estudantes a abandonarem a escola são as péssimas condições socioeconômicas em que vivem.
- A necessidade de trabalhar, como forma de ajudar nas despesas familiares, ou mesmo o fato de serem os principais sustentáculos econômicos de suas famílias, leva todos os dias centenas de estudantes a trocarem as salas de aula pelo trabalho.
- No meio rural, a situação não é diferente. É comum, em épocas de maior atividade nas lavouras, que muitas crianças, jovens e adultos deixem de frequentar as aulas para se dedicarem ao trabalho.
- Os programas sociais desenvolvidos pelos governos que visam amenizar esses problemas não têm obtido grandes resultados, embora representem um primeiro passo no combate a essas situações.
- As ideias que apontam, como condicionante, a incapacidade de os alunos das classes populares de aprenderem são antigas em nosso país.
- É também comum a tese de que os alunos de escolas da periferia e, principalmente, do ensino noturno não aprendem porque possuem graves problemas nutricionais e/ou incapacidade intelectual, e isso contribui de maneira decisiva para o fracasso no processo de aprendizagem.
- O trabalho é certamente responsável por muitos alunos abandonarem a escola, contudo não é a única causa, tampouco é a principal.
- O paradigma moderno, que tem servido tradicionalmente como base para toda organização educacional, está esgotado e já não oferece respostas satisfatórias ao ensino nas últimas décadas.

- É necessário que as escolas e o sistema público de ensino compreendam quem são seus estudantes, quais as suas expectativas e os seus desejos e o que os mantêm frequentando a escola ou o que os afasta dela.
- Sabemos que todos os educandos, quando entram na escola, já possuem uma série de conhecimentos que trazem consigo de seu meio social e cultural. São conhecimentos informais, dados pela cultura e pela interação social.
- São esses conhecimentos que devem servir como base para a elaboração dos programas escolares, de um projeto político-pedagógico.
- Por fim, percebemos que, enquanto a escola não recuperar seu papel como instituição capaz de construir conhecimento, e não apenas de repassar conhecimentos, as estatísticas referentes à repetência e à evasão escolar não irão se alterar.
- É necessário que se construa um plano coletivo de trabalho, buscando envolver todos os agentes da escola em um mesmo processo, cujo fim é a construção de conhecimento e a formação de indivíduos capazes de agir no trabalho e na sociedade.

Atividades

1. Em relação à evasão escolar no Brasil, podemos afirmar que é um fato:
   a. exclusivamente de natureza educacional, escolar, que não implica outros problemas sociais e tampouco possui relação com estes.
   b. ultrapassado, pois não existe evasão escolar no Brasil há muitas décadas.

c. a evasão escolar é um fato que acaba culminando em outros problemas sociais, e talvez por isso seja o mais grave e preocupante problema a ser enfrentado atualmente.

d. a educação brasileira nunca vivenciou o problema da evasão escolar, pois as políticas governamentais sempre atuaram no sentido da prevenção, com ações prioritárias de caráter educacional e social para com as famílias dos estudantes, a fim de evitar a evasão.

2. A evasão escolar não é apenas um problema de caráter educacional, mas também de ordem social devido ao fato:

a. de os alunos abandonarem os estudos para praticar esportes radicais.

b. de a política educacional brasileira ser extremamente exigente e rigorosa, obrigando os alunos a ficarem oito horas diárias na escola estudando e praticando atividades físicas.

c. da não obrigatoriedade dos pais de matricularem seus filhos na escola, o que contribui incentivando os alunos a se evadirem da escola.

d. de a maioria dos alunos que abandonam a escola viverem em péssimas condições socioeconômicas, que os obrigam a optar pelo trabalho em detrimento da escola e dos estudos.

3. No que diz respeito aos programas sociais que estão relacionados com a evasão escolar, desenvolvidos pelos governos, visando enfrentar o problema, podemos dizer que:

a. têm obtido ótimos resultados, sendo que nas últimas décadas a evasão escolar diminuiu a quase zero.

b. são programas importantes e, certamente, representam um primeiro passo, tais como Bolsa Escola e Bolsa

Família, entre outros. Contudo, não foram suficientes para eliminar essa grande preocupação social.

c. os programas sociais implantados pelos governos ao longo dos anos não possuem nenhuma relação com a evasão escolar.

d. a escola é um organismo à parte e, portanto, não possui relação com as políticas sociais desenvolvidas fora do núcleo educacional e escolar.

(7)

A ressignificação
dos conteúdos na EJA

Leandro Jesus Basegio
Renato da Luz Medeiros

Os conteúdos programáticos são muito importantes para a formação de uma comunidade de aprendizagem. A compreensão disso é imprescindível se realmente desejamos evitar a evasão escolar e a desmotivação dos alunos na EJA. A escola e seus docentes como um todo devem buscar promover a integração dos estudantes com o contexto escolar e comunitário. Todos os envolvidos nesse processo devem se comprometer com a questão educacional. É preciso que se sintam responsáveis uns pelos outros, buscando alternativas conjuntas para a solução de seus problemas.

Todavia, de nada servirá essa integração se ela não for acompanhada por uma mudança na forma como os conteúdos são trabalhados. É nesse ponto que entra a ressignificação dos conteúdos, já que a escola deve buscar atender às expectativas que os alunos possuem quando a procuram.

(7.1)
A construção do projeto político--pedagógico (PPP) e o currículo

A ressignificação dos conteúdos passa pela construção de uma grade curricular e em qualquer escola deve seguir alguns preceitos, tais como: definição dos cenários em que os alunos e a escola estão inseridos; definição do perfil de estudante que se deseja; definição de temas significativos para os educandos dentro da sua realidade e a definição de que tipo de indivíduos que se pretende formar. Tudo isso deve ser trabalhado na construção do projeto político-pedagógico (PPP) da escola, como nos aponta Hengemühle (2004, p. 30). Esse projeto caracteriza-se por ser uma construção coletiva, flexível, capaz de mudanças e ajustes de acordo com o processo de seu desenvolvimento.

A grade curricular é o centro das atividades escolares e deve ser trabalhada e desenvolvida dentro de um novo paradigma educacional, que proponha mudanças e pretenda formar indivíduos competentes, com habilidades para resolver situações-problema fora de seu cotidiano (Hengemühle, 2004, p. 67). Entretanto, um indivíduo só será capaz de desenvolver sua capacidade de solucionar problemas se a escola, que cumpre uma função socializadora, apresentar seus conteúdos por meio de problematizações da realidade, que levem esse aluno a se motivar na busca de alternativas de solução.

A construção de um PPP e de um currículo coletivo, buscando dar atenção a questões relevantes na comunidade escolar, é o primeiro passo rumo à ressignificação dos conteúdos, pois é nesse momento que vemos o início de um movimento de reflexão da comunidade escolar sobre sua própria realidade. O PPP caracteriza-se por ser o eixo condutor de todas as ações dentro da escola. Ele apenas terá sucesso se toda a comunidade escolar se sentir responsável por sua efetivação. Diante disso, indicamos que só é possível obtermos esse sentimento de responsabilidade de todos para com a efetivação do PPP se este for uma construção coletiva, em que os diversos atores da comunidade escolar percebam que suas demandas e anseios estão sendo contemplados por esse instrumento. Caso contrário, como aponta Hengemühle (2004, p. 27), o PPP estará fadado ao fracasso ou ao esquecimento dentro de uma gaveta, incapaz de conduzir as práticas escolares.

Como nos indica Tentor (2000, p. 43), a própria ideia de PPP não é comum às escolas. O que é comum é que muitas escolas digam que possuem um PPP quando, na verdade, possuem instrumentos burocráticos elaborados por algumas pessoas da direção, com o único objetivo de cumprir determinações legais, conforme nos diz a autora:

> *A proposta do projeto político-pedagógico não pode se resumir na confecção de um instrumento burocrático, para satisfazer uma exigência legal, ou uma reciprocidade negociada em função de liberação de verbas. Elaborado com esse restrito propósito, ele se torna letra morta, destinado a se empoeirar em algum armário da escola.*

Fazendo a leitura do cotidiano das escolas, o que percebemos é a ausência de qualquer tipo de projeto de trabalho, tanto coletivo como individual. O que caracteriza as escolas é a fragmentação e a hierarquização dos tempos, das disciplinas e dos objetivos do trabalho educacional. O que confunde ainda mais indivíduos divididos, como o trabalhador-estudante do ensino noturno, que está exposto cotidianamente a dois tipos de socialização: uma é aquela do mundo do trabalho, a outra é a da escola.

(7.2)
O saber fragmentado

A ideia de um saber fragmentado, no qual uma disciplina não apresenta relação alguma com a outra, é comum nas escolas públicas de todo o Brasil. É muito habitual que a grande maioria dos professores não conheça, de fato, seus alunos. Isso ocorre devido ao fato de ter de trabalharem em muitas escolas, a fim de aumentarem suas rendas para conseguirem sobreviver, o que comprova a desvalorização e as péssimas condições do sistema educacional brasileiro. Há uma necessidade premente de se repensar coletivamente a fragmentação que existe em nossas escolas, uma vez que essa fragmentação acaba impedindo que as potencialidades de nossos educandos se desenvolvam adequadamente.

Outro problema que diagnosticamos é a ideia da hierarquização do conhecimento trabalhado nas escolas. Existe, por parte de muitos profissionais que atuam na educação, um conceito equivocado que afirma que os conhecimentos formais são mais importantes do que o conhecimento popular que é trazido pelos alunos para dentro da escola. Isso é um grande erro e apenas configura um preconceito que não deve ser aceito, se realmente desejamos construir uma escola pluralista e democrática.

As disciplinas escolares são diferentes e trabalham com assuntos diferentes, mas nem por isso uma é melhor ou mais importante do que a outra. Da mesma forma que o conhecimento popular, vivenciado pelas crianças na sua comunidade, não é inferior aos conhecimentos trabalhados pela escola. Aliás, é fundamental que a escola saiba trabalhar os conhecimentos populares dentro da sua grade curricular, tornando, assim, a instituição escolar e os estudos mais agradáveis e condizentes com a realidade dos alunos.

Portanto, a escola deve romper com essa prática tradicional de ensino, que é preconceituosa e excludente. A exclusão talvez seja a maior dificuldade que essa instituição enfrenta atualmente, pois essa apartação contribui para aumentar a distância entre aqueles que sempre possuíram os benefícios sociais e os que nunca tiveram oportunidades para se desenvolverem social e culturalmente como cidadãos.

(7.3)
O porquê da permanência da educação tradicional

É evidente a reprodução e a manutenção nas escolas da pedagogia diretiva. Essa pedagogia privilegia os conteúdos, o saber formal e a autoridade do professor, que apenas transmite os conteúdos para os alunos, que os recebem como meros receptáculos vazios, os quais devem ser preenchidos. Dentro da pedagogia diretiva, os professores devem repassar aos alunos todo o conhecimento formal e também educá-los. Assim, a educação é entendida como uma domesticação, isto é, o estudante deve se tornar um ser dócil e submisso à autoridade maior do educador.

É mister destacarmos que a pedagogia diretiva entende o educando como um ser que não possui conhecimento e que é, ao mesmo tempo, desprovido de qualquer saber, pois a educação tradicional não considera os saberes informais que o aluno adquiriu em sua comunidade por meio da convivência com seus familiares e demais componentes do grupo social com os quais interage cotidianamente.

Os saberes e os conhecimentos que os educandos trazem de sua comunidade para dentro da escola não são considerados pela pedagogia diretiva. Muitas vezes, os próprios professores que deveriam primar pela valorização do conhecimento que esses alunos trazem de sua vivência social e aproveitá-los para trabalhar com base nesses saberes com os conteúdos formais enxergam esses conhecimentos informais como errados e desqualificados e, por essa razão, não devem integrar o espaço curricular na escola. Esse entendimento é equivocado, assim como a utilização da pedagogia diretiva, pois esta presta um desserviço à educação. Os professores, portanto, devem evitar essa metodologia e essa prática se realmente desejam construir um ensino plural e democrático.

> *Porém, nesse ponto, podemos levantar uma questão: Uma vez que sabemos a que interesses atende esse modelo, por que ele ainda prevalece?*

Para responder a essa indagação, seria interessante observar a forma como ainda hoje atuam os cursos de licenciatura no Brasil, que se dedicam a formar professores.

Como aponta o relatório do Conselho Nacional de Educação (CNE) sobre as diretrizes curriculares nacionais para a formação de professores da educação básica, os cursos de formação de professores ainda se guiam, em muito, pelo modelo de educação tradicional. Vejamos o que diz o CNE (Brasil, 2001, p. 31):

> *É comum que os professores em formação não vejam o conhecimento como algo que está sendo construído, mas apenas como algo a ser transmitido. Também é frequente não considerarem importante compreender as razões explicativas subjacentes a determinados fatos, tratados tão somente de forma descritiva.*

Como indica ainda o relatório, a especificidade da profissão de professor é de ser ela aprendida em um local semelhante ao que vai ser exercida. Dessa forma, as experiências do futuro professor como aluno vão se refletir, de maneira direta, na sua prática docente. Outro problema dos cursos de licenciatura é o pouco tempo dedicado a debates sobre metodologias de ensino e questões pedagógicas, entre outras.

Podemos aqui citar nossas experiências durante o período de formação acadêmica. O fato é que enquanto nos preparávamos para exercer a função de professor de História, a carga horária dedicada a disciplinas que debatiam, especificamente, temas sobre educação era reduzida, mesmo estando essa carga horária dentro das determinações legais. Com isso, havia o fato de as disciplinas sobre educação apenas servirem como informes gerais a respeito de correntes pedagógicas. Debatíamos poucas questões relativas ao cotidiano das escolas ou aos problemas que ocorrem nas salas de aula. Assim, esse tipo de formação se mostrou distante da realidade sobre a qual pretendia debruçar-se. As metodologias empregadas resumiam-se, em geral, a aulas expositivas, que pouco avançavam devido ao grande número de alunos, oriundos dos mais diversos cursos de licenciatura, que frequentavam as mesmas aulas.

Diante disso, nossa formação, no que diz respeito à preparação para a docência da disciplina de História, apresentou uma lacuna, pelo fato de apenas termos construído conhecimentos sobre história e historiografia. Isso não significa que tivemos uma formação precária no sentido de sermos professores de História.

É nesse ponto, justamente, que se encontram os maiores problemas: os cursos de licenciatura, das diversas áreas do conhecimento, são extremamente teóricos e primam pela análise de conceitos. Todavia, não municiam os futuros professores de metodologias adequadas para que trabalhem os conceitos que estudaram com os alunos da educação básica. Logo, ao exercerem a docência de sua disciplina, os futuros professores apenas repetem o modelo que vivenciaram, cristalizando a ideia de que repassar conteúdo é educar.

Contudo, a face mais perigosa da educação tradicional, muitas vezes, não é nem mesmo percebida pelos professores, embora esteja presente diuturnamente nas salas de aula. Aqui, referimo-nos à ausência de diálogo entre o professor e o aluno e à desqualificação dos diversos saberes que os educandos trazem de seu meio sociocultural.

É importante destacarmos que os conhecimentos adquiridos por meio das culturas local, regional e comunitária não são piores ou melhores do que os conhecimentos ditos formais trabalhados nas escolas. Aliás, esses conhecimentos que hoje são tidos como formais também já foram, em sua grande maioria, conhecimentos informais que, em um dado momento, foram integralizados e reconhecidos academicamente e, por esse motivo, passaram a compor a estrutura dos conteúdos programáticos dos programas educacionais. O saber escolar é um saber formalizado e sistematizado, acumulado ao longo do desenvolvimento da humanidade. Todavia, não pode ser considerado como a única forma de saber verdadeiro. É preciso, portanto, valorizar os conhecimentos trazidos pelos estudantes para dentro da escola. É de fundamental importância que a escola não seja uma instituição fechada em si mesma e é também necessária uma mudança na forma de entendimento e participação por parte daqueles que são os responsáveis pelo andamento do mundo escolar, ou seja, os professores, a equipe diretiva, os funcionários e as secretarias de educação, que são as instituições que dão suporte às escolas. É de vital importância que haja um comprometimento geral para uma mudança significativa no processo educacional brasileiro, pois, do contrário, continuaremos reproduzindo os velhos mecanismos e padrões de ensino, que só se prestam para manter a população dominada e dócil, sem condições de exercer, de fato e de direito, a cidadania, impedindo a participação real dentro dos processos de construção política e social na sociedade.

(7.4)
A ressignificação dos conteúdos

Voltamos aqui ao nosso tema inicial: Por que a escola atual tem se tornado desinteressante para os alunos? Por qual motivo muitos estudantes acabam abandonando a escola? Provavelmente, os conteúdos desenvolvidos na maioria das escolas não apresentam relevância para as questões que fazem parte do cotidiano dos educandos e, assim sendo, não lhes desperta o desejo do conhecimento e, pior, não apresentam significados práticos para a vida do estudante. Certamente, esses são alguns dos problemas enfrentados pelas escolas, no que diz respeito ao processo de ensino-aprendizagem.

Como afirma Vygotsky, segundo Rego (1999, p. 120--123), a vontade é baseada no afetivo. Dessa forma, temos vontade de aprender aquilo que para nós é importante, isto é, aquilo que nos ajuda a solucionar problemas que estão presentes em nosso cotidiano. Assim, um ensino isolado da realidade não consegue despertar o interesse dos alunos. Outro grave problema de um ensino isolado da realidade é que ele é produtor de alienação. Nele, a realidade não é questionada, mas é dada de forma acabada e, logo, não pode ser transformada. Assim, não há nada a ser feito. Por esse prisma, só nos restaria aceitar o mundo tal como se apresenta. Para muitos educadores, esse é um fato que não tem nenhuma possibilidade de ser transformado e/ou mudado. Porém, essa é uma visão fatalista da realidade. É um processo de acomodação, de conformismo e de determinismo que não pode ser aceito como verdade absoluta.

Essa ideia tem profunda influência na questão da evasão no ensino noturno, que diz respeito aos jovens e aos adultos. A visão fatalista da realidade corrobora o sentimento de baixa autoestima apresentado pelos trabalhadores-estudantes, como também está em contradição com as expectativas imediatistas apresentadas por eles, pois a sociedade e a realidade social são vistas como acabadas e imutáveis.

Esse tipo de pedagogia, que apresenta o mundo como pronto e acabado, foi classificada por Freire (1985, p. 65-66) como um modelo de educação bancária. Nela, a realidade é estática e o educador tem a missão de disciplinar a entrada do aluno no mundo. Para isso, o educando passa por um processo de treinamento, que será plenamente satisfatório se conseguir proporcionar a adequação do educando ao mundo. Não há questionamento, não há diálogo, pois o aluno é visto como tábula rasa. O que se espera do estudante são respostas retóricas para perguntas retóricas, isto é, ele deve responder o que se espera que seja respondido, e qualquer tentativa de fugir a essa regra será vista como um ato de rebeldia, logo passível de punição.

Essa educação mantém um objetivo claro na visão de Freire (1985, p. 72): proteger o poder das elites e manter o povo submisso ao controle destas. A visão que se transmite é fatalista, chegando mesmo a ter o caráter de um discurso religioso. Logo, o que se conclui é que as coisas são como são, sempre foram assim e dessa forma continuarão, afinal, é a vontade de Deus. Freire (1985, p. 77) ainda coloca que, se pretendemos a libertação dos homens, devemos começar por não aliená-los. Para isso, há a necessidade de uma educação problematizadora, que enfoque a mudança. Isso só é possível se mostrarmos o caráter histórico da escola, do conhecimento, do homem e da sociedade. Dessa maneira, a ideia de um mundo estático, que está em contradição com a mudança, é afastada.

A escola que enfatiza a mudança está vinculada ao método dialético de análise da sociedade. Nesse método, é a mudança que movimenta a história, logo a ideia de um mundo pronto é inviável e inaceitável. Mas como é possível despertar nos alunos da EJA a ideia de mudança?

Um bom caminho para iniciar esse processo é com a crítica da realidade vivida e percebida pelos educandos. Com isso, estaremos apontando para a ideia de que a educação deve transformar a ação do sujeito sobre o mundo. Mais claramente, o objetivo da EJA não é formar indivíduos passivos, que aceitam a realidade como pronta, mas, sim, buscar a mudança por meio da crítica ao que é vivido e percebido de acordo com a realidade da comunidade na qual a escola esteja inserida. Se a história é feita e movimentada pelas mudanças, deve a educação ser enfática nesse caráter, buscando também a mudança e a transformação social.

Os seres humanos são frutos de seu tempo e do meio no qual estão inseridos e, ao aceitarmos esse pressuposto materialista-histórico e dialético como uma verdade, não significa que estejamos sendo deterministas. Ao contrário, apenas admitimos que a sociedade é atuante sobre os seres humanos, assim como estes também atuam sobre a sociedade. Nesse sentido, o entendimento crítico sobre o seu funcionamento, bem como a identificação dos mecanismos de reprodução e de dominação social, tornam-se fundamentais, se realmente pretendemos capacitar os indivíduos como educandos e cidadãos para a transformação da realidade vivenciada e do contexto social.

Como afirma Vygotsky, segundo Rego (1999, p. 41), nossas características humanas são dadas pela interação com os meios físico e sociocultural. Assim, desde o momento em que nascemos, estamos aprendendo e nos inserindo em uma cultura. Isso quer dizer que, mesmo antes de ingressarmos na escola, onde recebemos a instrução formal, já possuímos uma série de conhecimentos. Os alunos não são tábulas rasas, em que o professor depositará todo o conhecimento acumulado pela humanidade ao longo dos tempos. Os estudantes já trazem consigo uma gama de saberes que, mesmo sendo informais, são significativos na realidade em que vivem.

Portanto, esse saber informal, adquirido no meio social, deve ser o ponto de partida para a organização do ensino que será viabilizado pela escola e ministrado pelo professor aos alunos. Tal como os indivíduos, o conhecimento construído pela sociedade e formalizado pela instituição escolar através dos tempos também é histórico. Logo, uma mudança de paradigma requer que esse caráter do conhecimento seja posto à luz.

Cada um dos conteúdos trabalhados pela escola teve sua origem em situações-problema colocadas pela realidade. Cabe aos educadores demonstrar em que contexto surgiu cada um desses conhecimentos, em lugar de apenas transmiti-los de maneira vazia e sem significado. Diante disso, surge a necessidade de que os educadores estudem a história de seus conteúdos e consigam demonstrar aos alunos essas situações-problema colocadas pela realidade. Assim, conseguiremos romper com um dos graves problemas que afetam a educação – a falta de vinculação entre teoria e prática –, uma vez que, como aponta Hengemühle (2004, p. 79): "Aprender significa, para nós, buscar respostas na teoria (conteúdos), para compreender as situações e resolver os problemas da realidade".

Com base nisso, conseguiremos não só tornar o conhecimento significativo, mas também despertar nos educandos o desejo de conhecer, de saber e de aprender. Como aponta Hengemühle (2004, p. 82), o ser humano se motiva diante de um problema e cria a necessidade de buscar meios para solucioná-lo. Ao conhecer a origem dos conteúdos que trabalha, o professor terá melhores condições de criar situações-problema a respeito deles e mostrar o quão relevante é cada um dos conhecimentos que procura desenvolver.

A metodologia da situação-problema impõe ao aluno um pensamento reflexivo, isto é, leva-o a refletir sobre a realidade em que está inserido, sendo que, com base nisso, é possível que o educando desenvolva habilidades e competências no sentido de transformá-la. Essa é uma metodologia que visa à mudança e que combate o paradigma tradicional, defendido pela educação bancária, que prega um mundo estático.

Enfim, compreendemos que a utilização da metodologia da situação-problema é um passo fundamental no processo de construção do conhecimento pela realidade do aluno, da qual este faz parte e está inserido. Ao mesmo tempo, é uma metodologia que combate a evasão escolar, especialmente na EJA, em que, conforme já indicamos, os trabalhadores-estudantes chegam com expectativas imediatistas. Por fim, entendemos que a realidade é histórica e mutável, logo passível de ser transformada, o que fornece aos estudantes esperança e perspectivas de mudança e de melhores condições sociais. Portanto, o trabalho do educador deve estar voltado para a construção e a reconstrução diárias da prática docente e da busca de significados dos conteúdos para a vida dos educandos.

(.)

Ponto final

- Os conteúdos programáticos são muito importantes para a formação de uma comunidade de aprendizagem.
- A escola e seus docentes, como um todo, devem buscar a promoção da integração dos alunos com o contexto escolar e comunitário.
- A grade curricular é o centro das atividades escolares e deve ser trabalhada e desenvolvida dentro de um novo paradigma educacional, que proponha mudanças e pretenda formar indivíduos competentes, com habilidades para resolver situações-problema no seu cotidiano.

- A construção de um PPP e de um currículo coletivo, buscando dar atenção a questões relevantes na comunidade escolar, são os primeiros passos rumo à ressignificação dos conteúdos.
- A ideia de um saber fragmentado, em que uma disciplina não apresenta relação alguma com a outra, é comum nas escolas públicas de todo o Brasil.
- Há uma necessidade premente de se repensar coletivamente a fragmentação que existe em nossas escolas, uma vez que essa fragmentação acaba reprimindo muitas das potencialidades dos educandos.
- Enquanto não for mudado esse enfoque, continuaremos produzindo nas escolas cidadãos divididos, isto é, indivíduos extremamente despreparados como um cidadão que sabe se colocar no mundo social e agir dentro dele.
- Percebe-se claramente nas escolas a permanência de uma pedagogia diretiva. Nela, o aluno é visto como tábula rasa e o conhecimento, via de regra, é tratado como propriedade dos professores.
- Esse modelo de educação carrega consigo um profundo preconceito e atende aos interesses básicos dos grupos dominantes.
- A face mais perigosa da educação tradicional, muitas vezes, não é percebida pelos professores, embora esteja presente diuturnamente nas salas de aula.
- Ainda existe um tipo de pedagogia que apresenta o mundo como pronto e acabado, que foi classificada por Paulo Freire (1985, p. 65-66) como um modelo de educação bancária.
- Vygotsky indica que as características que tornam humanos os homens não são dadas *a priori* por mecanismos biológicos ou psicológicos, mas são formadas a partir da interação do indivíduo com o seu meio social e cultural.

- O saber escolar é um saber formalizado e sistematizado, acumulado ao longo do desenvolvimento da humanidade. Todavia, esse saber não pode ser considerado como a única forma de saber verdadeiro.
- Os conteúdos desenvolvidos na maioria das escolas não apresentam relevância para as questões que fazem parte do cotidiano de nossos alunos.
- Como afirma Vygotsky, a vontade é baseada no afetivo. Dessa forma, temos vontade de aprender aquilo que para nós é importante, isto é, aquilo que nos ajuda a solucionar problemas que se fazem presentes em nosso cotidiano.
- Outro grave problema de um ensino isolado da realidade é que ele é produtor de alienação. Nele, a realidade não é questionada, mas é dada de forma acabada e, logo, não pode ser transformada.
- Freire (1985, p. 77) ainda coloca que, se pretendemos a libertação dos seres humanos, devemos começar por não aliená-los. Para isso, há a necessidade de uma educação problematizadora que enfoque a mudança.
- O objetivo da EJA não é formar indivíduos passivos, que aceitam a realidade como pronta, mas, sim, buscar a mudança por meio de uma crítica social.
- O trabalho do educador deve estar voltado para a construção e a reconstrução diárias da prática docente e da busca de significados dos conteúdos para a vida dos educandos.

Atividades

1. Com relação à grade curricular, é **incorreto** afirmar que:
   a. é o centro das atividades escolares e deve ser trabalhada e desenvolvida dentro de um novo paradigma educacional que vise à construção do conhecimento.
   b. proponha mudanças e pretenda formar indivíduos competentes, com habilidades para resolver situações-problema no seu cotidiano.
   c. visa à fragmentação do conhecimento, dos conteúdos, a fim de ministrá-los de forma gradual e sem causar transtornos desnecessários aos alunos.
   d. está intimamente ligada ao PPP escolar, que agrega toda a comunidade e as questões pertinentes ao meio social em que a escola está inserida.

2. Embora tenha avançado muito no que diz respeito a propostas pedagógicas para o ensino da EJA, nota-se que ainda existe uma prática pedagógica diretiva nas escolas. A respeito dessa pedagogia, pode-se dizer que:
   a. o aluno é visto como um indivíduo produtor de conhecimento que interage com os diferentes saberes e conteúdos.
   b. o aluno é visto como o centro do processo educativo no qual atua na construção do conhecimento pelo diálogo e pela problematização.
   c. o aluno é visto como tábua rasa e o conhecimento é uma propriedade do professor.
   d. Todas as alternativas estão corretas.

3. Segundo Paulo Freire (1985), se pretendemos a libertação dos seres humanos, devemos:
   a. aliená-los de todo o contexto social para, em um segundo momento, buscarmos a luz e a libertação.
   b. priorizar uma educação que problematize conceitos, valores e conhecimentos com o enfoque na mudança.
   c. transmitir o máximo possível de conteúdos para os alunos, para que eles possam aplicá-los em concursos e exames, demonstrando o aprendizado.
   d. estabelecer nas aulas regras e uma rigorosa disciplina em que o aluno perceba que ele é apenas estudante e que o professor é a autoridade maior.

(8)

Trabalhando por meio da
problematização da realidade
com jovens e adultos

Leandro Jesus Basegio
Renato da Luz Medeiros

É ponto pacífico entre todos os teóricos da educação a importância de termos alunos motivados. Como já dissemos, o ser humano motivado supera seus limites e vai além deles. E esse "ir além", esse desejo de ser mais, conforme Freire (1985, p. 70), faz parte da essência do ser humano, uma vez que este é entendido como incompleto e em constante construção, logo tendo uma vocação ontológica para ser mais.

Pois bem, como despertar no estudante da EJA esse desejo de ser mais? Essa é a questão: compreender que isso é o centro motivador, que é essa a consciência que lhe faz ir em frente, superando os obstáculos e as dificuldades encontradas durante sua existência. Procuraremos a seguir delinear alguns dos possíveis caminhos para a solução dessas questões, tendo como base uma metodologia baseada em situações-problema, propostas como uma forma de se trabalhar os conteúdos em sala de aula.

(8.1)
O trabalho docente por meio de situações-problema

Primeiramente, gostaríamos de definir o que é uma situação-problema. Para isso, remetemo-nos às colocações de Hengemühle (2004), que indica ser a problematização da realidade a chave para a motivação do aluno. Esse autor nos mostra que a situação-problema tem como base um fato da realidade, algo que seja do conhecimento do estudante, mas que, ao ser problematizada, desperta nele o desejo de aprender para resolvê-la. A resolução de tal situação só será possível com base em uma busca nos conteúdos, isto é, na teoria desenvolvida para responder às necessidades colocadas por uma determinada realidade problematizada (Hengemühle, 2004, p. 82).

A importância de se voltar os conteúdos trabalhados em sala de aula para a realidade encontra sua justificativa nesse ponto. Como dissemos, baseando-nos nas ideias de Vygotsky, segundo Rego (1999, p. 122), o aprender é um ato de afetividade, uma vez que aprendemos melhor aquilo que para nós é significativo, isto é, aquilo que tem relevância em nossas vidas.

O interesse do educando para resolver uma determinada situação da realidade problematizada desperta nele o pensamento reflexivo, ou seja, o aluno desenvolve sua capacidade de raciocínio sobre uma base concreta, a chamada *situação-problema*. Porém, necessariamente, para encontrar uma resposta para seus questionamentos, esse se vê obrigado a abstrair, isto é, confrontar seu problema com uma teoria, buscando encontrar respostas para aquela situação, o que o leva a reconstruir a realidade. Observamos que essa metodologia prega a dinâmica. O mundo não é visto como algo estático e acabado. Ao contrário, a realidade se apresenta como é, porém exige do aluno uma reflexão em busca de soluções para essa realidade, sendo que a solução exige, por consequência, uma transformação dessa realidade.

Percebemos que há um salto qualitativo de grande importância no emprego dessa metodologia, pois os estudantes deixam de ser o polo passivo na relação de ensino e aprendizagem. O aluno deixa de ser meramente um receptor de conhecimentos e se torna um produtor de conhecimento, já que as soluções que vai encontrar, baseadas em uma teoria (conteúdos), carregam consigo toda a subjetividade desse estudante. Suas experiências e sua visão de mundo permearão as soluções por ele encontradas, o que torna seu conhecimento novo e original.

Diante dessas observações, acreditamos ser essa também uma metodologia que prega a libertação, uma vez que rompe com os esquemas pré-programados da educação tradicional, nos quais o professor é o único detentor do saber. De acordo com essa metodologia, o professor não é mais o monopolizador do saber, passando a ser um intermediário, um facilitador, alguém que ajuda o aluno a construir suas explicações para a realidade.

Essas ideias têm um forte impacto em uma sociedade profundamente hierarquizada como a atual. Assim, ao levar os indivíduos a um pensamento reflexivo e ao romper com as estruturas tradicionais da educação, também levamos o aluno a questionar a forma como a sociedade se apresenta, promovendo com isso uma conscientização das camadas populares, que passam a perceber a realidade como mutável, capaz de ser transformada pela ação dos indivíduos. Dessa forma, percebemos que essa é uma metodologia voltada para a formação de cidadãos, de pessoas capazes de questionar de forma responsável e embasada o mundo tal como ele se apresenta.

(8.2)
Desenvolvendo os conteúdos por meio de uma situação-problema

Buscaremos mostrar aqui um caminho para o desenvolvimento de atividades em sala de aula com base na metodologia das situações-problema. Para isso, vamos nos remeter às indicações de Hengemühle, que apresenta o *Arco de Charles Maguerez* como um referencial para a organização das atividades. Observemos:

Figura 8.1 – Arco de Charles Maguerez

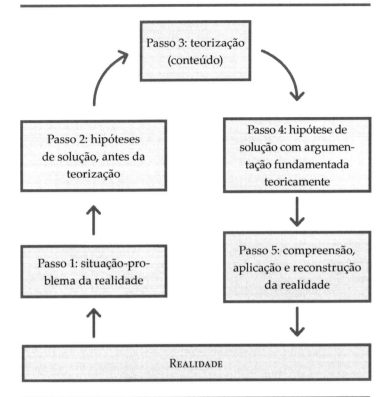

Fonte: Elaborado com base em Hengemühle, 2004, p. 103.

O arco busca apresentar um caminho para a maneira como os conteúdos devem ser trabalhados. Ele se preocupa em promover um ensino contextualizado e significativo, colocando o conhecimento em três níveis, isto é, três etapas a serem percorridas durante sua construção.

Em um primeiro momento, temos a realidade como ela é, ou seja, na maneira crua como ela se apresenta, a qual buscamos problematizar. Nesse primeiro momento, os alunos lançam alternativas para a solução dos problemas, porém são hipóteses sem embasamento teórico, que estão assentadas no senso comum e que, todavia, não serão suficientes para solucioná-lo. Contudo, a primeira etapa já foi cumprida, uma vez que ao perceberem que suas hipóteses não são suficientes para que seja alcançada uma solução, os estudantes sentem-se motivados a ir em busca de outros conhecimentos que lhes possibilitarão construir uma solução eficiente para o problema. Assim, passamos ao segundo momento.

Esse segundo momento é aquele em que o professor coloca aos educandos a teoria (conteúdos). É o momento em que se promove a abstração que desconstrói o senso comum e busca ultrapassá-lo. O que se pretende é ver as coisas para além de como elas se apresentam. Com isso, saímos de uma camada superficial de pensamento para avançar a uma elaboração mais refinada, na qual a reflexão e o pensamento sistêmico tomam força como caminhos para que seja alcançada uma resposta satisfatória a nossos questionamentos.

Em um terceiro momento, há o retorno à realidade, em que os alunos buscam reconstruir, agora com hipóteses embasadas por uma teoria, aquela realidade. Assim, vemos que o raciocínio fecha um ciclo – parte de uma base concreta que é a realidade tal como ela se apresenta; passa por um momento de abstração, no qual, com base em uma teoria, os educandos reconstroem aquela realidade; e, em um passo seguinte, retornam à realidade com novas hipóteses de solução.

Acreditamos que além de motivar os estudantes, despertando neles o desejo de conhecer para solucionar os problemas que lhes são colocados, essa metodologia apresenta ainda outras qualidades. Uma delas é a indicação de que não há só uma resposta para os problemas que nos são colocados. Como cada aluno, ao reconstruir a realidade, após a abstração, chega a uma forma de solução – visto que essa solução traz consigo toda a subjetividade do educando ao promover a reconstrução – temos assim muitas alternativas de solução para um mesmo problema. Com isso, temos a promoção de um ensino plural, no qual as múltiplas respostas devem ser respeitadas e podem promover entre os alunos um debate sobre suas ideias, desenvolvendo com isso a capacidade de argumentação dos educandos. Outro fator importante é o desenvolvimento de um pensamento reflexivo. O estudante deixa de ser um sujeito passivo na relação de ensino e aprendizagem. Torna-se um ser ativo, que produz conhecimento. Logo, rompe com a alienação que é promovida pela educação bancária.

O fato mais significativo, porém, é que experiências como essas fazem emergir indivíduos competentes, com habilidades fundamentais para atuar na sociedade e no mundo do trabalho de forma consciente e responsável. Por *competente* compreendemos aqui um indivíduo capaz de agir de maneira eficiente e satisfatória em situações cada vez mais complexas. Como nos indica Hengemühle (2004, p. 40), as empresas procuram indivíduos com caráter empreendedor, com espírito de grupo e liderança. Não há mais a necessidade de um profissional extremamente especializado em uma só área, mas, sim, de alguém com capacidade de aprender com as situações colocadas pelo cotidiano, capaz de solucionar os problemas de maneira ágil e dinâmica, mobilizando todos à sua volta na busca de soluções eficientes.

Todavia, não basta apenas isso. De nada adianta termos indivíduos extremamente competentes na resolução de situações-problema se estes não forem também seres éticos e morais, características fundamentais no mundo atual, tão marcado pelo individualismo e pela falta de colaboração.

O paradigma moderno, tal como nas características anteriormente citadas, mostra-se esgotado como um meio para atingir esses fins, senão vejamos: o paradigma moderno está assentado em uma base de acúmulo de conhecimentos, porém, conhecimentos estáticos. Assim sendo, fica difícil a busca de soluções para problemas novos que não tenham sido analisados anteriormente, uma vez que o sistema de avaliação elaborado com base nesse paradigma exige dos estudantes apenas respostas retóricas e, dessa forma, não há reconstrução. O conhecimento não é novo nem original, mas é apenas uma repetição daquilo que se esperava que o aluno respondesse e que se considera como sendo a única resposta correta. Esse tipo de ensino visa a repetições acertadas acerca de uma questão, e quanto maior o número de respostas certas o estudante tiver, melhor. O outro ponto, que diz respeito às característica éticas e morais que esperamos que os educandos desenvolvam, também encontra limitações dentro do paradigma tradicional, uma vez que o que está em jogo são apenas notas, isto é, o aluno recebe uma rotulação a cada etapa, sendo que quanto melhor for sua nota, mais qualificado ele é. Observa-se a predominância do individualismo: os educandos competem entre si e não há colaboração.

Dentro dessa questão, há também o problema da fragmentação já mencionado por nós. Escolas organizadas sob os preceitos do paradigma tradicional necessariamente formam indivíduos divididos. A fragmentação é a regra nessas escolas, atingindo os tempos, os espaços e as disciplinas, que são organizadas de forma hierarquizada, dentro de uma visão positivista. Todo esse processo leva à desqualificação de determinados saberes, principalmente àqueles mais voltados para o homem e para a sociedade.

(8.3)

Como avaliar dentro dessa nova perspectiva

Temos aqui uma nova questão de importância fundamental dentro do tema da evasão escolar. Anteriormente, indicamos que altos índices de evasão trazem consigo, na verdade, grandes índices de reprovação mascarados. Muitos alunos, ao perceberem ao longo do primeiro e do segundo trimestres letivos que não possuem mais chances de serem aprovados, pois obtiveram notas baixas nas avaliações, acabam desistindo de frequentar a escola. Assim, esses estudantes são apontados como evadidos nos relatórios finais, porém, na realidade, antes disso já haviam sido reprovados.

Como nos indica Hengemühle (2004, p. 110-111), a avaliação é um momento privilegiado dentro do processo de construção do conhecimento e não pode se resumir a uma mera verificação de resultados, como ocorre no paradigma moderno, porém deve ser formativa e ocorrer em um processo contínuo. Essa avaliação deve ser coerente com a prática desenvolvida e com regras claras. Entretanto, é necessário que o avaliador tenha também clareza de quais são seus objetivos com a tarefa avaliativa, como deve deixar claro para os indivíduos avaliados o que se está buscando com a avaliação. Conforme nos aponta ainda Hengemühle (2004, p. 116):

> A avaliação deve nos oferecer balizas para conhecermos onde avançamos, onde temos limitações em relação ao proposto, para que possamos reavaliar e qualificar as metas e as práticas. Ou seja, o professor concentrar-se-á em identificar se os seus alunos, utilizando as habilidades planejadas, conseguem

buscar a solução das situações-problema propostas, utilizando os fundamentos teóricos (conteúdos) abordados.

Enfim, a avaliação deve seguir a mesma lógica utilizada para a apresentação dos conteúdos, isto é, deve partir também de situações-problema. Durante a avaliação, o professor deve ter em mente que o aluno exercite suas habilidades no sentido de ser uma pessoa competente, de acordo com o seu perfil – de estudante e de pessoa estabelecida pelo PPP da escola. Portanto, a avaliação deve permitir que o aluno realize um exercício mental e que seja também um processo de aprendizagem, ao contrário de uma mera repetição de respostas preestabelecidas como certas a um questionamento pronto e determinado.

(.)

Ponto final

- O ser humano motivado supera seus limites e vai além destes. E esse "ir além", esse desejo de ser mais, como disse Paulo Freire, faz parte da essência do ser humano, uma vez que este é entendido como incompleto e em constante construção.
- Pois bem, como despertar no aluno da EJA esse desejo de ser mais? Essa é a questão: compreender que isso é o centro motivador, que essa é a consciência que lhe permite ir em frente, superando os obstáculos e as dificuldades encontradas durante sua existência.
- A problematização da realidade é a chave para a motivação do aluno.

- A situação-problema tem como base um fato da realidade, algo que seja do conhecimento do estudante, mas que, ao ser problematizado, desperte nele o desejo de aprender os conteúdos ministrados na escola para resolver os diversos problemas de sua realidade prática.
- O interesse do educando de resolver determinada situação da realidade problematizada despertará nele o pensamento reflexivo.
- Porém, necessariamente, para encontrar uma resposta para seus questionamentos, esse aluno se vê obrigado a abstrair, isto é, a confrontar seu problema com uma teoria, buscando encontrar respostas para aquela situação.
- Há um salto qualitativo de grande importância no emprego dessa metodologia, pois os estudantes deixam de ser o polo passivo na relação de ensino e aprendizagem. O aluno deixa de ser, meramente, um receptor de conhecimentos e se torna um produtor de conhecimento.
- Nesse tipo de trabalho metodológico, desenvolvido por meio da situação-problema, o professor não é mais o monopolizador do saber, mas passa a ser um intermediário, um mediador, alguém que ajuda o educando a construir suas explicações para a realidade.
- O *Arco de Charles Maguerez* busca apresentar um caminho para a forma como os conteúdos devem ser trabalhados. Ele se preocupa em promover um ensino contextualizado e significativo, colocando o conhecimento em três níveis, isto é, três etapas a serem percorridas durante sua construção.
- O *Arco de Charles Maguerez* parte de uma base concreta, que é a realidade tal como ela se apresenta; passa por um momento de abstração, em que, com base em uma

teoria, os alunos reconstroem aquela realidade; e, em um último passo, eles retornam à realidade com novas hipóteses de solução.

- Com isso, temos a promoção de um ensino plural, no qual as múltiplas respostas devem ser respeitadas e podem promover entre os estudantes um debate sobre suas ideias, desenvolvendo com isso a capacidade de argumentação deles.
- O fato mais significativo, porém, é que experiências como essas fazem emergir indivíduos competentes, com habilidades fundamentais para atuar na sociedade e no mundo do trabalho de forma consciente e responsável.
- Dentro do paradigma tradicional, uma vez que o que está em jogo são apenas notas, o aluno recebe uma rotulação a cada etapa, sendo que quanto melhor for sua nota, mais qualificado ele será.
- Muitos estudantes, ao perceberem ao longo do primeiro e do segundo trimestres letivos que não possuem mais chances de serem aprovados, pois obtiveram notas baixas nas avaliações, acabam desistindo de frequentar a escola.
- Assim, esses alunos são apontados como evadidos nos relatórios finais, porém, na realidade, antes disso já haviam sido reprovados.
- A avaliação é um momento privilegiado dentro do processo de construção do conhecimento e não pode se resumir a uma mera verificação de resultados, como ocorre no paradigma tradicional.
- A avaliação deve ser formativa e ocorrer em um processo contínuo. Deve também ser coerente com a prática desenvolvida e com regras claras.
- A avaliação deve seguir a mesma lógica utilizada para a apresentação dos conteúdos, isto é, deve partir também de situações-problema.

- Por fim, a avaliação deve permitir que o aluno faça um exercício mental, e não que dê apenas uma resposta certa a um questionamento pronto e determinado.

Atividades

1. Dentro do paradigma tradicional, uma vez que o que está em jogo são apenas notas, o estudante recebe uma rotulação. Com base nesse enfoque, o aluno bem-sucedido é aquele:
   a. que a cada etapa obtém melhores conceitos, notas; assim, quanto maior o resultado, mais qualificado esse aluno será.
   b. que compreende o real significado dos conteúdos pelo diálogo e pela problematização destes e de sua relação com o meio social.
   c. que se envolve na construção do conhecimento, buscando nos conteúdos a significação dos fatos sociais e de sua realidade.
   d. que por meio da problematização dos conteúdos e com a mediação do professor e a interação dos demais colegas constrói o conhecimento e estabelece as relações com o contexto social.

2. Em relação à problematização da realidade, podemos dizer que:
   a. não possui nenhuma vinculação com o ensino da EJA e com a motivação dos alunos e sua permanência na escola.
   b. certamente é a chave para a motivação do aluno e sua permanência na escola, assim como para a compreensão da importância dos conteúdos e seu significado no meio social.

c. a problematização da realidade não interfere na maneira como os alunos percebem e constroem o aprendizado na escola.

d. Nenhuma das alternativas está correta.

3. O engajamento por parte dos estudantes na resolução de situações-problema por meio da problematização da realidade faz com que ele:

   a. desenvolva o pensamento reflexivo e se motive pelas aulas e pelos conteúdos ministrados na escola.

   b. reconheça o significado dos conteúdos escolares com o mundo social.

   c. descubra que os problemas podem possuir múltiplas raízes, assim como a resolução pode também ter diversas variáveis, de acordo com o modo que cada pessoa os interpreta.

   d. Todas as alternativas estão corretas.

(9)

O papel da EJA na construção
do Estado democrático de direito

Leandro Jesus Basegio
Renato da Luz Medeiros

A sociedade brasileira vivenciou com o regime militar um longo período de autoritarismo e desconstrução do Estado democrático de direito. Essa política autoritária implantada pelos militares ao longo dos anos em que permaneceram no poder (1964-1985) trouxe prejuízos catastróficos para o processo de desenvolvimento e consolidação da democracia no Brasil e, consequentemente, aos aspectos que dizem respeito à cidadania e aos seus desdobramentos sociais.

Entretanto, com o processo de redemocratização da sociedade brasileira, a partir de 1985, teve início, novamente, o estabelecimento e a reconstrução do regime democrático de direito. A legitimação e o estabelecimento da democracia como regime político do país se deu efetivamente com a aprovação da nova Constituição Federal (CF/1988 – Brasil, 1988), em 5 de outubro de 1988. Portanto, esse é o marco referencial que balizou e norteia as novas ações que engendraram e estão dimensionando o sistema organizacional em todos os setores e instituições do Estado-nação chamado *Brasil*.

Nesse sentido, pensar um Estado democrático com direitos, deveres e responsabilidade social requer uma política institucional e organizacional voltada para as garantias fundamentais de que se vale a democracia. Assim sendo, a sociedade brasileira se ampara na CF/1988 para balizar o Estado democrático de direito.

O art. 5° da CF/1988 e seus respectivos parágrafos representam e garantem os direitos fundamentais que regem a nação brasileira. O art. 5° é muito importante, pois define a igualdade entre todos os cidadãos e as liberdades, tais como: liberdade de expressão, consciência, pensamento, credo religioso, entre outras, tão caras e valiosas à sociedade e que formam e fundamentam a base da democracia.

A CF/1988, em seu art. 6°, também estabelece os direitos sociais: educação, saúde, trabalho, moradia, segurança, lazer, entre outros. Os arts. 5° e 6°, previstos na Carta Magna, são basilares para a formação de um Estado democrático. Tais garantias são necessárias para o desenvolvimento de uma sociedade democrática que visa ao bem comum, à pluralidade de ideias e à liberdade como bens vitais do país e dos cidadãos que compõem o Estado.

Entretanto, cabe destacar que não bastam apenas tais direitos e garantias estarem previstos na CF/1988. É preciso que realmente esses direitos sejam respeitados e que essas garantias sejam validadas dentro do tecido social. Em outras palavras, a nação brasileira deve garantir o cumprimento desses fundamentos para que haja a efetiva consolidação da democracia e de seus princípios, pois do contrário jamais atingiremos um Estado democrático e muito menos de direito, dentro da sociedade brasileira.

Segundo Chaui (1997, p. 433),

A sociedade democrática institui direitos pela abertura do campo social à criação de direitos reais, à ampliação de direitos existentes e à criação de novos direitos. Com isso, dois traços distinguem a democracia de todas as outras formas sociais e políticas: 1. a democracia é a única sociedade e o único regime político que considera o conflito legítimo. Não só trabalha politicamente os conflitos de necessidades e interesses, [...] mais do que isso. Na sociedade democrática, os indivíduos e grupos se organizam em sindicatos e partidos, criando um contrapoder social que, direta ou indiretamente, limita o poder do Estado; 2. a democracia é a sociedade verdadeiramente histórica, isto é, aberta ao tempo, ao possível, às transformações e ao novo.

A observância desses requisitos não é opcional a uma sociedade que visa ao estabelecimento da democracia. É, sim, a regra básica e obrigatória para o estabelecimento e a consagração de qualquer sociedade que venha ser democrática e de direito.

(9.1)
A educação e o Estado democrático de direito

Nesse sentido, cabe destacar o papel da educação para o estabelecimento efetivo do Estado democrático de direito, pois é justamente por meio da instituição educacional que se possibilita aos cidadãos a conscientização a respeito de suas responsabilidades, dos seus direitos e deveres, bem como do senso crítico, dentro do núcleo social. Essa tarefa desenvolvida pela instituição educacional é vital a qualquer sociedade que tenha como metas o desenvolvimento e o estabelecimento do sistema democrático.

Dessa forma, é mister salientar que as instituições de ensino desempenham uma tarefa muito relevante para o processo de engendramento do sistema democrático, visto que é por meio delas que ocorre o início da construção do conhecimento formal que possibilitará o entendimento e a compreensão do real significado da democracia e de seu exercício pelos cidadãos dentro da sociedade.

Vejamos o que Freire (2001, p. 25) diz a respeito:

> Se faz necessário, neste exercício, relembrar que cidadão significa indivíduo no gozo dos seus direitos civis e políticos de um Estado e que cidadania tem que ver com a condição de cidadão, que quer dizer, com o uso dos direitos e o direito de ter deveres de cidadão.

Nesse contexto, a escola desempenha um papel muito especial no processo de desenvolvimento da democracia, pois quando ingressamos no mundo escolar, entramos em contato com uma série de valores e princípios que dizem respeito aos fundamentos democráticos. Em outras palavras, os alunos, quando adentram no contexto escolar, recebem uma carga de informações, conceitos, valores, regras, direitos e deveres que compõem os fundamentos e os princípios democráticos que são em última instância os parâmetros do Estado democrático.

Os estudantes, de um modo geral, a partir do momento que começam a conviver em um espaço comunitário e coletivo como o da escola, passam a exercer e a vivenciar um aprendizado que se coaduna com os fundamentos democráticos. A vida em um ambiente comunitário propicia o desenvolvimento da tolerância e do respeito às diferenças e com a resolução de problemas de forma conjunta. Dessa forma, o respeito ao outro, os limites entre o certo e o errado e a solidariedade são noções básicas que os alunos, em sua maioria, já conhecem, mas é na escola que esses valores se solidificam e ganham significado. Dito de outra forma, é a partir do ingresso na escola que os estudantes começam a sedimentar o processo de construção do Estado democrático de direito.

(9.2)
A EJA e o Estado democrático de direito

É notório que a construção da democracia, em qualquer sociedade, passe necessariamente pela escola, pois esta é fundamental para que possamos aprender a conviver com as múltiplas questões que envolvem o processo democrático dentro do núcleo social. Em outras palavras, é na escola, no espaço socializado com os demais colegas, que os alunos aprendem a estabelecer os parâmetros de convivência com as diferenças e, também, com a igualdade, que certamente irá refletir no mundo exterior.

Segundo Freire (2001, p. 15):

> Não se faz nem se vive a substantividade democrática sem o pleno exercício deste direito que envolve a virtude e a tolerância. Talvez as cidades pudessem estimular as instituições pedagógicas, culturais, científicas, artísticas, religiosas, políticas, financeiras, de pesquisa para que empenhando-se em campanhas com este objetivo, desafiassem as crianças, os adolescentes, os jovens a pensar e a discutir o direito de ser diferente sem que isto signifique correr o risco de ser discriminado, punido ou, pior ainda, banido da vida.

Essas construções de limites – direitos e deveres – implicam respeito e tolerância às diferenças existentes no meio social. Dito de outra forma, é imprescindível o respeito ao ordenamento estabelecido pelo Estado para regular a vida em sociedade. Esse aprendizado é fundamental para a formação de um Estado democrático, pois a democracia se sustenta nos princípios da liberdade, da igualdade e da equidade e, sobretudo, na garantia fundamental de os indivíduos terem os mesmos direitos e as mesmas oportunidades.

É justamente nesse ponto que entra a questão da EJA, pois em uma sociedade democrática e de direito não pode haver por parte do Estado e da sociedade e, principalmente, da escola a sobrevivência e/ou permanência da exclusão dos alunos do processo de ensino-aprendizagem. A sociedade e o Estado devem propiciar os meios para que a exclusão não ocorra. Entretanto, esse problema é comum no Brasil e nesse sentido a EJA pode, deve e tem o dever de resgatar esses jovens e esses adultos que, devido às condições econômicas, sociais e/ou por incapacidade do sistema educacional de acolher e trabalhar com alunos de uma realidade distinta, acabaram abandonando a escola. Essa, sem sombra de dúvida, é a missão da EJA.

Os estudantes da EJA são muito importantes dentro do processo de construção da democracia, não apenas por serem cidadãos e fazerem parte da sociedade, mas principalmente em razão de serem os agentes que exercerão os atos civis e as relações com as instituições políticas, econômicas e sociais que vêm sendo construídas e estão em processo de desenvolvimento. Com efeito, esse aprendizado que é possibilitado pela escola é de fundamental importância, não só para os educandos que estão sendo incluídos pela EJA no processo de ensino-aprendizagem, mas fundamentalmente porque estão se desenvolvendo como cidadãos e, de um modo geral, desenvolvendo a própria sociedade, a democracia e o Estado.

Portanto, a EJA desempenha um importante papel para a formação da democracia, tanto no que se refere ao resgate desses alunos pelo ensino quanto na vida privada e coletiva vivenciada em sociedade. A educação não se presta simplesmente para o fornecimento de um contingente numérico de conteúdos e conceitos. Ela vai além, pois fornece experiências, valores, pluralidade de ideias e, principalmente, a convivência com as diferenças.

Segundo Freire (1979, p. 20), "Uma sociedade justa dá oportunidade às massas para que tenham opções, não a opção que a elite tem, mas a própria opção das massas. A consciência criadora e comunicativa é democrática".

Portanto, essa consciência é muito mais significativa e importante do que o simples acúmulo de conteúdos, pois esse contato com a pluralidade e com a diversidade é que vai fornecer os meios e as ferramentas intelectuais para que os alunos possam exercer uma prática cidadã em sociedade. Em última análise, é a prática da própria democracia, exercida pela cidadania dentro de um Estado democrático e de direito que forma o Estado democrático de direito.

A construção da democracia é um processo contínuo que os estudantes vão solidificando à medida que se desenvolvem e acumulam conhecimentos, que lhes permite estabelecer as relações sociais de suas vidas com a política, a economia, a cultura, a religião e a sociedade como um todo. Para tanto, faz-se necessário que os professores que trabalharão com a EJA desenvolvam as aulas de forma conexa com o contexto local, com o objetivo de que os alunos, por meio de sua própria história, do lugar onde vivem, possam estabelecer as relações com o meio ao qual pertencem.

Essa prática é muito importante, pois esse educando que retorna para a escola deve perceber a significação do que está aprendendo com o mundo real e com as instituições que compõem a sociedade e o Estado democrático. É importante lembrarmos que não existe democracia em uma prática autoritária, em que o aluno é visto como uma tábula rasa. O procedimento democrático entende os estudantes como partícipes no processo de ensino-aprendizagem e, dentro desse contexto, eles participam das aulas com suas vivências e experiências, o que certamente enriquece e contribui para um aprendizado mais dinâmico, plural e democrático. Por fim, cabe destacar que a escola e a EJA devem preparar os educandos para a vida, para o trabalho, mas fundamentalmente para exercerem a cidadania nas instituições sócias, dentro do Estado democrático de direito.

(.)
Ponto final

- A sociedade brasileira vivenciou por meio do regime militar um longo período de autoritarismo e desconstrução do Estado democrático de direito.
- Essa política autoritária implantada pelos militares ao longo dos anos em que permaneceram no poder (1964-1985) trouxe prejuízos catastróficos para o processo de desenvolvimento e consolidação da democracia no Brasil.
- Com o processo de redemocratização da sociedade brasileira a partir de 1985, teve início novamente o estabelecimento e a reconstrução do regime democrático de direito.
- A legitimação e o estabelecimento da democracia como regime político do país se deu efetivamente com a aprovação da Constituição Federal de 1988.
- O art. 5º da CF/1988 e seus respectivos parágrafos representam e garantem os direitos fundamentais que regem a nação brasileira.
- O art. 5º é muito importante, pois define a igualdade entre todos os cidadãos e as liberdades, tais como: liberdade de expressão, consciência, pensamento, credo religioso, entre outras, tão caras e valiosas à sociedade e que formam e fundamentam a base da democracia.
- A Constituição Federal de 1988, em seu art. 6º, também estabelece os direitos sociais: educação, saúde, trabalho, moradia, segurança, lazer, entre outros. Os artigos 5º e 6º, previstos na CF/1988, são basilares para a formação de um Estado democrático.

- Entretanto, cabe destacar que não basta, apenas, tais direitos e garantias estarem previstos na Constituição de 1988. É preciso que realmente esses direitos sejam respeitados e que essas garantias sejam validadas dentro do tecido social.
- Nesse sentido, cabe destacar o papel da educação para o estabelecimento efetivo do Estado democrático de direito, pois é justamente por meio da instituição educacional que se possibilita aos cidadãos a conscientização a respeito de suas responsabilidades, dos seus direitos e deveres.
- A escola desempenha um papel muito especial no processo de desenvolvimento da democracia, pois quando ingressamos no mundo escolar entramos em contato com uma série de valores e princípios que dizem respeito aos fundamentos democráticos.
- É notório que a construção da democracia, em qualquer sociedade, passe necessariamente pela escola, pois ela é fundamental para que possamos aprender a conviver com as múltiplas questões que envolvem o processo democrático dentro do núcleo social.
- É justamente nesse ponto que entra a questão da EJA, pois em uma sociedade democrática e de direito não pode haver por parte do Estado e, principalmente, da escola a sobrevivência e/ou permanência da exclusão dos alunos do processo de ensino-aprendizagem.
- A EJA pode e tem o dever de resgatar esses jovens e esses adultos que, devido às condições econômicas, sociais e/ou por incapacidade do sistema educacional de acolher e trabalhar com estudantes de uma realidade distinta, acabaram abandonando a escola.
- A educação não se presta simplesmente para o fornecimento de um contingente numérico de conteúdos e

conceitos. Ela vai além, pois fornece experiências, valores, pluralidade de ideias e, principalmente, a convivência com as diferenças.

- É importante lembrar que não existe democracia em uma prática autoritária, na qual o aluno é visto como uma tábula rasa. O procedimento democrático entende os educandos como partícipes no processo de ensino-aprendizagem.

- Por fim, cabe destacar que a escola e a EJA devem preparar os alunos para a vida, para o trabalho, mas fundamentalmente para exercerem a cidadania nas instituições sócias, dentro do Estado democrático de direito.

Atividades

1. Podemos afirmar, em relação ao período dos governos militares no Brasil, que a democracia:
   a. sofreu um processo de desconstrução e de autoritarismo dentro da sociedade brasileira.
   b. desenvolveu-se assim como a cidadania, que passou a ter um maior significado no contexto social.
   c. não sofreu alterações, pois os governos militares primaram por medidas políticas democráticas.
   d. melhorou devido aos direitos e às garantias fundamentais terem sido implantados em toda a sociedade.

2. Em relação aos arts. 5º e 6º da CF/1988, podemos dizer que são:
   a. artigos que definem o caráter autoritário da Constituição de 1988 e das leis brasileiras que regulamentam a sociedade.

b. artigos que representam os direitos fundamentais, tais como a liberdade, a igualdade e os direitos sociais.

c. artigos que não possuem nenhuma vinculação com as garantias e com os direitos fundamentais dos cidadãos.

d. Nenhuma das alternativas está correta.

3. Sabemos que não existe democracia em uma prática educativa autoritária. Portanto, é correto afirmar que:

a. as escolas e os professores que entendem os alunos como tábulas rasas praticam a desconstrução da democracia e contribuem para aliená-los.

b. as práticas educativas autoritárias constroem uma sociedade capacitada, pois, por meio dessa visão, o aluno tem de aprender o máximo possível de conhecimentos e dessa forma adquire a cidadania e estabelece a democracia.

c. os professores possuem notório saber e, por isso, sabem o que é melhor para seus alunos e impõem a eles a máxima exigência que se dá pela autoridade.

d. Todas as alternativas estão corretas.

(10)

Retomando os principais temas

Leandro Jesus Basegio
Renato da Luz Medeiros

Ao longo de nosso trabalho, procuramos debater os principais pontos ligados à EJA. Nosso esforço foi no sentido de trazer à tona os principais problemas e o significado que a educação assume para esse público que, normalmente, frequenta as aulas no turno da noite e que se apresenta já inserido no mundo do trabalho.

Nesse último capítulo, buscaremos retomar os principais assuntos debatidos, bem como sistematizá-los na tentativa de fornecer ao leitor que utiliza este material como base para o desenvolvimento de seus estudos uma visão de conjunto daquilo que consideramos relevante no que se refere ao trabalho com a EJA.

(10.1)
Os cursos noturnos e a EJA

Vimos que a preocupação em fornecer educação, ou ao menos a instrução básica, para jovens e adultos não é algo recente em nosso país, pois desde o período do império (1822-1889) medidas nesse sentido foram sendo adotadas pelos governos que se sucederam no Brasil. Todavia, mediante uma análise mais detalhada das políticas que nortearam a expansão do ensino noturno e, mais especificamente, o aumento das vagas para jovens e adultos – que por uma série de circunstâncias tiveram de abandonar seus estudos ou mesmo não puderam realizá-los – veremos que esse movimento nunca correspondeu a uma tentativa de expandir a educação a camadas mais amplas da população brasileira. Ao contrário do que se poderia imaginar à primeira vista, percebemos que os objetivos últimos desses movimentos de expansão do ensino noturno sempre corresponderam aos interesses políticos e econômicos das elites, que dominaram e ainda dominam a economia e a vida social no país.

Em um primeiro momento, ainda no século XIX e durante o período denominado *República Velha* (1889-1930), os objetivos centrais dessa expansão estavam relacionados aos interesses políticos de uma elite urbana, ligada ao ramo industrial da economia, que então se iniciava no país. Nesse sentido, com o advento do voto direto – vetado, porém, ao cidadão analfabeto – a instrução de camadas mais amplas da população visualizava a possibilidade desse novo setor da sociedade de conseguir afirmar-se politicamente com base no processo eleitoral, em contraposição aos grandes fazendeiros que dominavam a política brasileira pelo controle direto de populações que estavam submetidas ao seu poder, devido a clientelismos e à coação física.

Posteriormente, a partir da segunda metade do século XX, principalmente quando o processo de industrialização consolidou-se no Brasil – ainda que de forma imitativa e tardia, como nos diz Furtado (2001), pois tentou implantar um modelo industrial trazido das economias capitalistas centrais em um país ainda fortemente agrário e atrasado em relação à instrução necessária para o trabalho na indústria – a expansão do ensino noturno, destinado aos adultos, visava fornecer a essa indústria que então se consolidava trabalhadores aptos, capazes de operar com habilidade as novas tecnologias implantadas pelo sistema industrial.

Esse processo acabou desenvolvendo no país aquilo que foi chamado por Rodrigues (1994) de *lógica do credencialismo*, pois à medida que as empresas se desenvolviam, as possibilidades de um indivíduo alcançar melhores postos dentro da hierarquia dessas instituições passavam, necessariamente, pela aquisição de um certificado escolar. Diante desse fato, vimos aumentada a demanda por vagas nas escolas noturnas e de EJA, as quais buscavam, dentro do esquema anteriormente descrito, capacitar trabalhadores para atuarem na indústria.

Nota-se, portanto, que em nenhum dos momentos, pelo menos não até o processo de redemocratização no Brasil, depois do regime militar, houve uma tentativa mais efetiva dos governos em promover, de fato, a melhoria das condições de acesso à educação para as massas trabalhadoras. Só com a Lei de Diretrizes e Bases da Educação Nacional, Lei n° 9.394, de 20 de dezembro de 1996 (LDBEN/1996 – Brasil, 1996), é que a EJA, dentro das condições de que esses alunos dispõem para frequentarem as aulas, foi colocada como uma obrigação do Poder Público.

(10.2)
O perfil dos alunos da EJA

Podemos perceber, também, ao longo de nosso debate, que a lógica do credencialismo que se desenvolveu a partir da segunda metade do século XX tem influência direta na definição do perfil do aluno que frequenta o ensino noturno e, mais especificamente, a EJA.

Esse estudante, que como definimos anteriormente já se encontra inserido no mundo do trabalho, possui uma idade avançada em relação à série que está cursando e, em grande parte das vezes, já constituiu família e é dela o principal provedor. Também vimos que ele chega à escola com uma expectativa imediatista. Em outras palavras, esse educando visualiza na escola a possibilidade de melhorar sua condição financeira com base na obtenção de um certificado de curso fundamental ou médio. Nesse sentido, o que esse aluno busca na escola é a possibilidade de, pela escolarização, melhorar sua condição empregatícia e, consequentemente, sua situação socioeconômica.

Pois bem, essa expectativa imediatista, de acordo com o que consideramos anteriormente, é na maioria das vezes a responsável pelo fracasso desse estudante, pois ao perceber que os conhecimentos trabalhados pela escola não correspondem à expectativa que tem como indivíduo, faz com que abandone a instituição escolar em busca de outros meios para solucionar seus problemas imediatos. Em suma, abandonar a escola e arranjar, quem sabe, outra fonte de renda durante o horário das aulas frequentemente acaba sendo a alternativa mais viável para esses alunos.

(10.3)
O problema da evasão escolar na EJA

De acordo com a linha de raciocínio que buscamos desenvolver, o problema da evasão escolar, que afeta dramaticamente esse nível de ensino, está diretamente relacionado à expectativa imediatista trazida para escola por esse aluno dos cursos noturnos da EJA.

Buscamos, nesse sentido, demonstrar que esse estudante, ao perceber que a escola é incapaz de oferecer respostas para suas questões mais diretas, as quais estão ligadas ao mundo do trabalho, sente-se desmotivado de frequentar as aulas, pois nota que a forma como os conteúdos são desenvolvidos não lhe trará nenhum benefício mais imediato e que, além disso, a conclusão dos estudos terá um alto custo, diante das imposições diárias a que esse trabalhador-estudante está submetido, devido justamente à sua condição de trabalhador.

Aqui podemos perceber uma das facetas mais perversas que a educação pode assumir. Em outras palavras, ao perceber-se dentro de uma escola que trabalha os conteúdos de maneira tradicional, ou seja, que busca transmitir uma série de conceitos, ideias e noções de forma descontextualizada e massiva, sobrecarregando de atividades aqueles que já chegam às aulas cansados depois de uma longa jornada de trabalho, a escola acaba forçando esses alunos a abandoná--la, consolidando neles a ideia de fracassados. Assim, faz com que os trabalhadores-estudantes, os quais são o alvo principal do ensino noturno e da EJA, assumam para si o discurso do fatalismo social, que os coloca como indivíduos incapazes de aprender e relegados, necessariamente, ao polo manual do processo produtivo. Ou seja, esse indivíduo tem sua posição submissa reforçada, dentro da escala produtiva e do espectro social, reafirmando-se, assim, esse processo de reprodução social, que se caracteriza por ser uma violência simbólica e mantém vigorosa uma ordem social excludente que tem marcado nosso país desde sua formação.

(10.4)
Principais ideias sobre a evasão escolar

Vimos que as ideias sobre a evasão escolar que tradicionalmente são colocadas apontam, em linhas gerais, para problemas decorrentes da própria estrutura social brasileira. Não negamos esses problemas, os quais, de fato, têm uma forte influência no que se refere à evasão escolar. Contudo, acreditamos que as causas que levam boa parte de nossos alunos, principalmente aqueles que frequentam os cursos da EJA, a abandonar seus estudos não se limitam apenas a problemas que derivam da desigualdade social brasileira.

Um primeiro passo, buscando resolver esse problema, seria afastar as teses que indicam para a incapacidade de aprender dos indivíduos oriundos das classes populares. Essas ideias, além de demonstrarem um profundo preconceito, servem apenas como um elemento a mais na manutenção da ordem social excludente que vivenciamos.

Outra noção que também deve ser afastada é aquela que indica que os alunos do ensino noturno, e aqueles que frequentam a EJA, evadem-se da escola por não conseguirem conciliar o trabalho com as atividades escolares. Realmente consideramos que o fato de trabalhar e estudar paralelamente tem influência no processo de evasão. Todavia, não podemos aceitar que esse seja um elemento determinante para que a exclusão das massas de trabalhadores do mundo escolar se efetive.

Todavia, acreditamos, de forma segura, que muitos dos elementos que intensificam o processo de evasão decorrem de problemas internos à escola e a forma como seus conteúdos, grade curricular e estratégias de trabalho estão organizados. Em linhas gerais, esse problema está relacionado a elementos ligados à própria estrutura das escolas e ao seu funcionamento, ou seja, ao seu PPP. Assim sendo, dar atenção a questões que se referem a esse tema pode nos possibilitar uma ação efetiva e mais direta no sentido de solucionar, ou ao menos amenizar, a evasão escolar, sem que tenhamos que esperar as tão almejadas mudanças que devem ser implementadas na formação social brasileira como um todo.

(10.5)
Um caminho para a mudança

Buscamos demonstrar que é necessário uma mudança de postura na forma de implementação do projeto político-pedagógico e na maneira de atuação diária dos professores. Ao mesmo tempo, procuramos demonstrar que a própria escola pode solucionar parte dos problemas que levam à evasão escolar e que acabam definindo o fracasso nos estudos de milhares de jovens e adultos trabalhadores.

Nossa proposta vai no sentido da ressignificação dos conteúdos, ou seja, propomos que os conteúdos desenvolvidos pelos professores em sala de aula devam relacionar-se à realidade dos seus alunos, os quais são trabalhadores-estudantes. Essa não é uma tarefa fácil, mas, contudo, é a que melhor pode solucionar, ao menos inicialmente, os problemas mais graves por nós identificados.

Nesse sentido, apresentamos a metodologia da SITUAÇÃO-PROBLEMA, a qual visa fazer com que o aluno reflita sobre sua realidade. Em outras palavras, buscamos mostrar como, a partir de problemas relativos ao cotidiano de nossos educandos, poderemos levá-los a se questionar sobre a sua realidade e a buscar, nos conteúdos trabalhados pela escola, as soluções para eles. Não indicamos, entretanto, que a EJA refira-se, única e exclusivamente, a problemas ligados ao mundo do trabalho. O que queremos dizer, porém, é que esse aspecto da vida do trabalhador-estudante que frequenta os cursos noturnos não pode ser desconsiderado e que, ao partir da realidade e das questões prementes ao cotidiano desse tipo de aluno, os professores estarão despertando neles o desejo por solucionar as questões que, para eles, são mais imediatas. Assim, é com base na problematização da realidade desses indivíduos que o conhecimento deve ser construído, tal como foi expresso no modelo desenvolvido pelo *Arco de Charles Maguerez*.

Entretanto, como discutimos anteriormente, não basta apenas trazer esse debate para dentro da escola. É fundamental que, dentro das universidades, as quais têm como missão a produção de conhecimento, essa discussão saia do campo teórico e seja colocada em prática. O que queremos afirmar é que enquanto o ensino universitário não mudar sua estrutura e suas práticas, continuarão se formando educadores que simplesmente repassam conteúdos, pois, como vimos, essa é a prática comum nos cursos de licenciatura, os quais apresentam a tarefa de formar aquele que futuramente será um formador, ou seja, aquele que atuará nas escolas como professor, seja na educação regular, seja nos cursos de EJA.

Tais ideias a respeito de como educar não são também novidade. Os trabalhos desenvolvidos por Paulo Freire já apontavam para essa necessidade, caso queiramos, realmente, promover uma educação significativa e renovadora, que vise à problematização da realidade e à formação de cidadãos críticos, os quais buscam construir competências para agirem sobre seu mundo e sobre a sociedade mais ampla de forma efetiva e crítica. Em suma, o que se busca com uma educação conscientizadora, que procura desenvolver os conhecimentos do aluno com base naquilo que para ele é mais concreto, ou seja, aquilo que tem sentido dentro do seu mundo, que lhe chama a atenção e desperta seu interesse para a busca de soluções, é promover uma educação para a cidadania.

(10.6)
O Estado democrático e a EJA

Os alunos da EJA são muito importantes dentro do processo de construção da democracia, não apenas por serem cidadãos e fazerem parte da sociedade, mas principalmente em razão de serem os agentes que exercerão os atos civis e as relações com as instituições políticas, econômicas e sociais que vêm sendo construídas e estão em processo de desenvolvimento.

Com efeito, esse aprendizado, que é viabilizado pela escola, é de fundamental importância, não só para os estudantes que estão sendo incluídos, pela EJA, no processo de ensino-aprendizagem, mas fundamentalmente porque estão se desenvolvendo como cidadãos e, de um modo geral, desenvolvendo a própria sociedade, a democracia e o Estado.

A EJA é fundamental para a construção da cidadania, não só por resgatar e oferecer uma segunda chance para todos aqueles que não tiveram oportunidade de concluir os estudos no tempo regulamentar, mas principalmente por trabalhar com o enfoque da diferença, da pluralidade e da significação dos conteúdos que dizem respeito à realidade do educando.

A construção da democracia passa necessariamente pela escola e pelo resgate de todos os cidadãos que, em um determinado momento, foram alijados do processo de escolarização. Não pode existir democracia em uma sociedade que não privilegia o ensino e o acesso aos conhecimentos aos seus cidadãos.

A sociedade é um corpo integral que compõe muitos órgãos, e a escola é um desses órgãos que compõem esse todo. Portanto, para que tenhamos um Estado democrático de direito, é fundamental que a escola funcione bem e de forma integrada com esse organismo social. Uma sociedade na qual os cidadãos se reconhecem como partícipes, com direitos e deveres, é o ponto básico para os desenvolvimentos social, político e econômico. Enfim, cabe à escola a tarefa de trabalhar com as diferenças e impedir a exclusão escolar, evitando assim o aumento das desigualdades sociais e a proliferação dos processos de marginalização.

(.)
Ponto final

Obviamente, nestas poucas páginas, não conseguimos debater todos os temas que se referem à EJA. Buscamos, entretanto, destacar aquilo que, nos anos de prática de sala de aula com trabalhadores-estudantes, percebemos como sendo essencial. Em outras palavras, tentamos debater aqui os temas mais relevantes para aquele professor que vai atuar com essa modalidade de ensino.

Sabemos, de antemão, que muito ainda deve ser feito para que o ensino de EJA se desenvolva no país. Tal modalidade de ensino é fundamental para a manutenção de uma sociedade democrática e de direito, a qual visa promover a integração social. É apenas por meio da educação e da conscientização do aluno como cidadão responsável e com direitos que os trabalhadores conseguiram mudar a estrutura social desigual que caracteriza nosso país desde sua formação. Logo, o desenvolvimento de um país justo e igualitário passa, necessariamente, pelo avanço do acesso à educação a camadas cada vez mais amplas da população. É justamente nesse ponto que a modalidade de EJA ganha importância fundamental, pois ela tem como objetivo atingir aqueles que, por uma razão ou outra, foram alijados da escola e, em consequência disso, da conscientização de sua própria cidadania.

Atividades

1. No que se refere à EJA, podemos dizer que os governos que se sucederam no Brasil sempre tiveram a preocupação de:
   a. ampliar o sistema visando promover educação para todos aqueles que tiveram a necessidade de parar de estudar ou que sequer tiveram a oportunidade de ingressar na escola.
   b. ampliar o sistema de acordo com os interesses das elites políticas e econômicas.
   c. democratizar o acesso à educação promovendo a ampliação dos cursos voltados para a EJA.
   d. Nenhuma das alternativas está correta.

2. Uma das questões-chave que explica a grande evasão escolar no ensino noturno voltado para jovens e adultos pode ser encontrada:
   a. na falta de capacidade cognitiva dos alunos que frequentam esses cursos, os quais, diante das primeiras dificuldades encontradas, abandonam a escola.

b. nas dificuldades impostas pelo mundo do trabalho, já que boa parte desses estudantes também são trabalhadores, e na falta de significação dos conteúdos, os quais são trabalhados de maneira estanque, sem apresentar relação alguma com a realidade vivenciada por esses estudantes.

c. nos problemas alimentares que os alunos apresentam, já que boa parte deles é oriunda das classes populares e apresentam deficiências alimentares, o que os impede de aprender.

d. apenas no fato de esses alunos trabalharem e estudarem ao mesmo tempo.

3. Uma das formas de se evitar a evasão escolar e de se promover um ensino realmente significativo para os estudantes que frequentam a EJA seria:

a. diminuir o grau de exigência, uma vez que esses educandos apresentam dificuldades cognitivas.

b. desenvolver um sistema de progressão continuada na EJA, ou seja, proibir a reprovação que afasta esses alunos da escola.

c. trabalhar os conteúdos de aula a partir da problematização da realidade dos estudantes, dando significado àquilo que é desenvolvido na escola.

d. eliminar toda e qualquer modalidade de avaliação dos alunos na EJA, limitando o trabalho dos professores apenas à transmissão dos conteúdos.

Referências

ARROYO, Miguel (Org.). *Da escola carente à escola possível*. São Paulo: Loyola, 1997. (Coleção Educação Popular, n. 8).

BECKER, Fernando. *A epistemologia do professor*: o cotidiano da escola. 4. ed. Petrópolis: Vozes, 1996.

BENJAMIN, César. Educação e desenvolvimento. In: SEMINÁRIO ESTADUAL DE EDUCAÇÃO POPULAR, 2002. Porto Alegre. *Caderno Pedagógico*. Porto Alegre: Secretaria de Educação do Rio Grande do Sul, 2002.

BRANDÃO, Zaia; BAETA, Anna Maria Bianchini; ROCHA, Any Dutra Coelho da. *Evasão e repetência no Brasil*: a escola em questão. Rio de Janeiro: Achiamé, 1983.

BRASIL. Constituição (1988). *Diário Oficial da União*, Brasília, DF, 05 out. 1988. Disponível em: <http://www.planalto.gov.br/ccivil_03/Constituicao/Constituiçao.htm>. Acesso em: 15 mar. 2012.

_____. Lei n. 9.394, de 20 de dezembro de 1996. *Diário Oficial da União*, Poder Legislativo, Brasília, DF, 23 dez. 1996. Disponível em: <http://www.planalto.gov.br/ccivil_03/Leis/L9394.htm>. Acesso em: 15 mar. 2012.

BRASIL. Ministério da Educação. Conselho Nacional de Educação. Parecer n. 9, de 8 de maio de 2001. *Diário Oficial da União*.

Relatora: Raquel Figueiredo Alessandri Teixeira. Brasília, DF, 18 jan. 2002. Disponível em: <http://portal.mec.gov.br/cne/arquivos/pdf/009.pdf>. Acesso em: 15 mar. 2012.

CHAUI, Marilena. *Convite à filosofia*. 9. ed. São Paulo: Ática, 1997.

DAYRELL, Juarez. A escola como espaço sociocultural. In: _____. (Org.). *Múltiplos olhares sobre educação e cultura*. Belo Horizonte: Ed. da UFMG, 1996. p. 136-161.

DEMO, Pedro. *Educar pela pesquisa*. Campinas: Autores Associados, 1996.

DESCARTES, René. *Discurso do método*. Paixões da Alma. 4. ed. São Paulo: Nova Cultural, 1987. (Coleção Os Pensadores).

FREIRE, Paulo. *Educação e mudança*. São Paulo: Paz e Terra, 1979.

_____. *Pedagogia do oprimido*: saberes necessários à prática educativa. 15. ed. Rio de Janeiro: Paz e Terra, 1985.

_____. *Política e educação*: ensaios. 5. ed. São Paulo: Cortez, 2001.

FREIRE, Paulo; NOGUEIRA, Adriano. *Que fazer*: teoria e prática em educação popular. Petrópolis: Vozes, 2001.

FURTADO, Celso. Quando o futuro chegar. In: SACHS, Ignacy; WILHEIM, Jorge; PINHEIRO, Paulo Sérgio (Org.). *Brasil*: um século de transformações. São Paulo: Companhia das Letras, 2001.

GADOTTI, Moacir; ROMÃO, José Eustáquio (Org.). *Educação de jovens e adultos*: teoria, prática e proposta. São Paulo: Cortez, 2001.

HENGEMÜHLE, Adelar. *Gestão do ensino e práticas pedagógicas*. 3. ed. Petrópolis: Vozes, 2004.

IGLESIAS, Francisco. *A industrialização brasileira*. 6. ed. São Paulo: Brasiliense, 1994.

ISTO É. *Brasil 500 anos*: atlas histórico. São Paulo: Três, 1998.

KRUG, Andréa. *Ciclos de formação*: uma proposta transformadora. 2. ed. Porto Alegre: Mediação, 2002.

LIBÂNEO, José Carlos. O papel dos profissionais do magistério e dos movimentos associativos na organização do sistema de ensino e na organização escolar. In: _____. *Educação escolar*: políticas, estruturas e organização. São Paulo: Cortez, 2003a. p. 271-279.

_____. Organização e gestão: objetivos do ensino e do trabalho dos professores. In: _____. *Educação escolar*: políticas, estruturas e organização. São Paulo: Cortez, 2003b. p. 293-311.

NIDELCOFF, Maria Tereza. *A escola e a compreensão da realidade*. 11. ed. São Paulo: Brasiliense, 1985.

PÉREZ, Susana Graciela Pérez Barrera. O adulto com altas habilidades/superdotação: um sapo de outro poço? In: MORAES, Salete Campos de (Org.). *Educação especial na EJA*: contemplando a diversidade. Porto Alegre: Secretaria Municipal de Educação de Porto Alegre, 2007. p. 87-103.

PORTO ALEGRE. Secretaria Municipal de Educação. Ciclos de formação: proposta político-pedagógica da escola cidadã. *Caderno Pedagógico*, Porto Alegre, n. 9, dez. 2003.

REGO, Tereza Cristina. *Vygotsky*: uma perspectiva histórico-cultural da educação. 8. ed. Petrópolis: Vozes, 1999.

RODRIGUES, Eduardo Magrone. Ensino noturno de 2º grau: o fracasso da escola ou a escola do fracasso. *Revista Educação & Realidade*, Porto Alegre, v. 20, n. 1, p. 49-72, jan./jun. 1995.

_____. *Evasão escolar no ensino noturno de 2º grau*: um estudo de caso. 1994. 220 f. Dissertação (Mestrado em Educação) – Universidade Federal do Rio Grande do Sul, Porto Alegre, 1994.

SANTOMÉ, Jurjo Torres. *Globalização e interdisciplinaridade*: o currículo integrado. Porto Alegre: Artes Médicas, 1998.

SILVA, Tomáz Tadeu da. *Documentos de identidade*: uma introdução às teorias do currículo. 2. ed. Belo Horizonte: Autêntica, 1998.

TENTOR, Sônia Bastos. Projeto político-pedagógico: pressupostos básicos que devem nortear a estruturação da proposta. *Revista do professor*, Rio Pardo, RS, n. 62, p. 43-44, abr./jun. 2000.

VEIGA, Ilma Passos Alencastro. Projeto político-pedagógico da escola: uma construção coletiva. In: _____. (Org.). *Projeto político-pedagógico da escola*: uma construção possível. Campinas: Papirus, 1996.

YUS, Rafael. *Educação integral*: uma educação holística para o século XXI. Porto Alegre: Artmed, 2002.

Gabarito

Capítulo 1
1. b
2. a
3. c

Capítulo 2
1. a
2. d
3. d

Capítulo 3
1. b
2. a
3. d

Capítulo 4
1. a
2. b
3. a

Capítulo 5
1. b
2. b
3. c

Capítulo 6
1. c
2. d
3. b

Capítulo 7

1. c
2. c
3. b

Capítulo 8

1. a
2. b
3. d

Capítulo 9

1. a
2. b
3. a

Capítulo 10

1. b
2. b
3. c

Impressão: BSSCARD
Agosto/2013